KINDER-
HEIM
STATT
KINDER-
ZIMMER

Mit einene grosse

DANKE

für Dis Ingergement!

D1693144

KINDER-HEIM STATT KINDER-ZIMMER

NEUN LEBEN DANACH

BARBARA TÄNZLER

MIT FOTOS VON
SILVIA LUCKNER

HELDEN VERLAG

Das Schlüsselwort in der Kinder- und Jugendhilfe heisst Kindswohl. Es impliziert Respekt, Gerechtigkeit und Sorgfalt gegenüber Kindern, unabhängig davon, in welche Kinderstube sie hineingeboren wurden. Eine Heimplatzierung ist ein möglicher Schritt, dieses Kindswohl zu sichern.

Doch wie ist es für Kinder eigentlich, wenn sie ihr Zuhause zurücklassen und ein Kinderheim zu ihrem Lebensmittelpunkt wird? Aus dieser Frage heraus ist das Buch «Kinderheim statt Kinderzimmer» entstanden. Innerhalb zweier Jahre konnten neun erwachsene Frauen und Männer mit einer «Heimbiografie» gefunden werden, die bereit waren zu erzählen, welche Rolle ihre Eltern, Pädagogen oder Behörden in ihrer Kindheit spielten. Ihre Lebensgeschichten, verbunden mit den Beiträgen von Fachpersonen aus den Bereichen Heimwesen, Justiz und Wissenschaft, machen deutlich, wo die Stärken aber auch die Schwächen in der neueren Geschichte der Heimplatzierung liegen.

Denn eines ist offensichtlich: Wenn der Staat so elementar in Familienleben eingreift, ist die Gesellschaft immer wieder aufgefordert, diese Schritte kritisch zu hinterfragen, ohne leichtfertig anzuklagen. Zum Wohl aller Kinder.

Barbara Tänzler

INHALT

KATHRIN HILBER studierte Sozialpädagogik, Psychologie und Familienrecht. 1987–1996 war sie Rektorin der Höheren Fachschule für Sozialarbeit OSSA in St. Gallen, 1996–2012 Regierungsrätin im Kanton St. Gallen und Vorsteherin des Departementes des Innern. 2005–2011 präsidierte sie die Konferenz der Kantonalen Sozialdirektorinnen und -direktoren Schweiz (SODK).

EIN HEIMWEH WIRD GEBOREN

Es war 1958. Als siebenjähriges Mädchen sollte ich zusammen mit meinem um ein Jahr älteren Bruder ein Ferienerlebnis der besonderen Art geniessen. Meine Eltern wollten sich damals eine Ferienwoche ganz alleine gönnen, ohne ihre vier lebhaften Kinder. Die beiden Zwillingsbuben wurden in ein Kinderheim in die Innerschweiz gebracht, mein Bruder und ich in ein grosses Heim im Toggenburg, das sich in der institutionellen Sommerpause für Kinderferien anbot. Heute, Jahrzehnte später, erinnere ich mich noch immer lebhaft an die traumatischen Tage in den grossen Räumen des Heims, rieche ich die gebohnerten Linoleumböden, noch heute fährt mir, der kleinen Schlafwandlerin von damals, die Atmosphäre im grossen Schlafsaal mit den kleinen Kabinen in die Glieder, und noch heute erinnere ich mich an das Essen aus den grossen Töpfen im ungemütlichen Speisesaal. Obwohl wir Ferienkinder gut betreut wurden, gab es für mich dort keine Minute der inneren Freude. Mein Heimweh wurde geboren.

Wie unendlich gross muss das Ohnmachtsgefühl für Kinder und Jugendliche sein, die kaum oder nie ein familiäres Umfeld hatten wie ich. Wie gross die Bitterkeit und Verzweiflung, wenn die Erwachsenenwelt über Kinder und Jugendliche entscheidet, ohne nachzufragen. Wie schmerzhaft die Erinnerungen an ein verlorenes Zuhause. Wie beklemmend das Gefühl der Scham, wenn das Kinderheim zum Kinderzimmer wird!

DIE POLITIK MACHT ERSTE SCHRITTE

Jahre später, eben als frisch gewählte Regierungsrätin im Departement des Innern angekommen, öffnete ein medial intensiv begleiteter Richterspruch ein Dossier zur «Wiedergutmachung für die Kinder aus Mogelsberg». Ein damals bereits bejahrter Heimleiter wurde zu sieben Jahren Gefängnis verurteilt und endlich für jene Taten bestraft, die er Jahre zuvor an vielen ihm anvertrauten Heimkindern begangen hatte. Sexuelle Übergriffe, Missbrauch, psychische Repression an Kindern, Ausbeutung und Veruntreuung der Mündelgelder waren die Vorwürfe. Teilweise waren diese Straftaten jedoch bereits verjährt, was das Strafmass nach unten drückte. Die damals fehlende Heimaufsicht auf Gemeinde- und Kantonsebene führte nicht nur zu politischen Diskussionen. Man fand auch einen sorgfältig begleiteten Weg, um die über zwanzig missbrauchsgeschädigten Kinder und traumatisierten Erwachsenen therapeutisch zu betreuen und finanziell zu entschädigen. Eine politisch und rechtlich verankerte Bewilligungs- und Aufsichtspflicht, Heimschliessungen und die Weiterentwicklung einer Kinder- und Jugendpolitik waren die gesellschaftspolitischen Ergebnisse auf kantonaler Ebene. Seither hat sich die Heimaufsicht etabliert, die Behörden und Ämter sind seither hellhöriger geworden für Nöte und Ängste von Kindern und Jugendlichen.

DIE OHNMACHT RUFT NACH EINEM ECHO

Aus diesen zwei persönlichen Erfahrungen kann ich die Ohnmacht der betroffenen Kinder und Jugendlichen erahnen, die endlos vom Geborgensein zu Hause träumen – selbst dann, wenn sie im institutionellen Umfeld gut oder sogar besser versorgt sind als in konfliktgeschwängerten Haushalten. Solche Ohnmachtsgefühle sind auch ein zentrales Thema in Barbara Tänzlers berührendem Buch «Kinderheim statt Kinderzimmer». Und sie müssen ein gesellschaftliches Echo finden.

In den 1970er-Jahren brachte die sogenannte Heimkampagne das Ohnmachtsthema als Sensibilisierungsaktion und als gesellschaftlichen Kontrapunkt zur Aufarbeitung des Kapitels «Kinder der Landstrasse» auf den Tisch. Bücher mit Lebensberichten, Filme über die Verdingkinder, Projekte zur Wiedergutmachung und Versöhnung und eine öffentliche Diskussion über die frühere vormundschaftliche Massnahmenpolitik brachten Bewegung und eine wachsende Sensibilität in diesen politischen Schattenbereich. Die gesellschaftlichen Aufbruchjahre nach 1968 führten auch in der Heimlandschaft zu neuen Erkenntnissen. So setzten sich die Sozialwissenschaften, Pädagogik und Psychologie, mit den individualpsychologischen Auswirkungen der Heimunterbringung auseinander. Institutionelle Konzepte wurden hinterfragt und geändert. Damals entstanden sozialpädagogische Grossfamilien, die Gegenakzente zu den grossen «Besserungsanstalten» setzten. Kinder und Jugendliche, die – aus welchen Gründen auch immer – im institutionellen Rahmen aufwachsen mussten, sollten keine gesellschaftliche Stigmatisierung und Diskriminierung mehr erfahren und Chancengleichheit erhalten in Bildung und Beruf. Dieses Grundverständnis läutete einen bedeutenden gesellschaftlichen Wandel ein. Die Gesellschaft zeigte sich sensibler für Menschen in Extremsituationen und anerkannte die gegenseitige Beeinflussung von Individuum und Umfeld. Das systemische Denken und Handeln bildete sich in einer professionalisierten Heimszene ab, die Kinder und Jugendliche mit ihren je eigenen Bedürfnissen in den Mittelpunkt jeder Intervention stellte.

Und heute? In wenigen Monaten wird das neue «Kindes- und Erwachsenenschutzrecht» in Kraft treten. In allen Kantonen, Regionen und Gemeinden werden die semiprofessionellen Vormundschaftsbehörden durch beruflich interdisziplinär ausgestattete Fachbehörden ersetzt. Der Abschnitt zum Vormundschaftsrecht des Zivilgesetzbuches von 1912 wird gut hundert Jahre später auf eine neue rechtliche Ebene gestellt. Die Rechte der Betroffenen werden gestärkt und die Möglichkeiten der Behörden durch die fachlichen Errungenschaften der letzten Jahrzehnte ergänzt. Was lange währt, wird endlich gut! Diese Grunderwartung darf zu Recht auf die neue Zeit im Vormundschaftswesen gesetzt werden. Und dennoch, dieses Ziel wird erst erreicht sein, wenn Kindern in Ausnahme- und Extremsituationen anwaltliche und uneingeschränkte Hilfe zur Seite gestellt wird: der Kinderanwalt, die Kinderanwältin.

Die Schweiz hat im Jahr 1997 die UNO-Kinderrechtskonvention ratifiziert, die in der Zwischenzeit von 22 Ländern übernommen wurde.

Zur Umsetzung dieser Satzung sind internationale Qualitätsstandards für den ausserfamiliären Bereich entwickelt worden: «Quality4Children». Fachhochschulen, Fachverbände und Fachvereinigungen setzen sich vielfach mit diesen neuen Standards auseinander. Auch der Kanton St. Gallen hat sich im Pilotprojekt «Kinder wirken mit» engagiert und ist dabei, zweckmässige Instrumente zur Beteiligung der Kinder in ausserfamiliären Lebenssituationen zu erarbeiten. Hier entwickelt sich ein Kindernetzwerk, in dem Begriffe wie «Schutzrechte», «Entfaltungsrechte» und «Mitwirkungsrechte» von Kindern und Jugendlichen neu sind und eine weitere Etappe in den Kinderrechten einläuten. Gut so!

Barbara Tänzler zeigt in ihrem bewegenden Buch zusammen mit den wichtigen Expertenstimmen auf, dass all diese bedeutsamen Bausteine im Gesellschaftsbewusstsein, in Gesetzgebung und Rechtsprechung endlich die richtigen Schritte in diesem Jahrhundert sind. Gut so, auch das!

Schnell und echt wirkungsvoll ist aber nur eines: die uneingeschränkte Parteilichkeit für die Rechte der Kinder und Jugendlichen. Eine Parteilichkeit, die auf einer emotionalen und fachlichen Basis beruht und nach dem Motto «in jedem Fall und uneingeschränkt für die Kinder» handelt. Dazu braucht es in erster Linie Menschen in Familien, Behörden, Schulen, Kirchen und Quartieren, die Kinder als entwicklungsfähige und entwicklungshungrige Menschen respektieren, achten und sie trotz der Altersdifferenz zu den Erwachsenen in allen Belangen ernst nehmen.

PATRICIA ANDERSEN

geboren 1965 in Zürich

zehn Jahre im selben Heim im Kanton Zürich

eine Halbschwester (gleiche Mutter)

kaufmännische Lehre, Assistentin Gemeindeschreiber

eine Tochter (Jg. 1999) und eine Pflegetochter (Jg. 1993)

«ICH HABE MICH NIE FÜR MEINE ELTERN GESCHÄMT.»

Ich kann mich an meinen ersten Besuch in der Grünau gut erinnern. Damals war ich für ein Jahr in einem Erholungsheim für lungen- und herzkranke Kinder in St. Peter in Graubünden. Offenbar wegen Bronchitis und Keuchhusten. Von dort aus besuchte ich mit meinem Fürsorger, so hiessen die damaligen Beistände und Vormunde, das Kinderheim – und ich wollte sofort bleiben. Einfach, weil es so anders war. Wir hielten uns in der Wohnung vom Heimleiterehepaar auf, zusammen mit allen anderen Kindern. Damals waren das noch nicht so viele. Ich habe mich sofort wohl gefühlt. Warum ich in ein Heim sollte, wusste ich nicht. Ich wusste nur, dass meine Eltern geschieden waren und dass ich schon vorher zum Teil bei meiner Grossmutter mütterlicherseits gelebt hatte.

Meine Eltern liessen sich im April 1968 scheiden. Mir ist noch sehr präsent, wie mir mein Vater damals sagte, dass er jetzt gehe. Ich habe ihn, glaub ich, bis Frühjahr 1974 nie mehr gesehen. Als er mich damals in der Grünau besuchen kam, habe ich ihn nicht mehr erkannt.

Ich blieb nach der Scheidung bei meiner Mutter. Das war offensichtlich eine ziemlich verwahrloste Angelegenheit. Meine Mutter hatte ein Alkoholproblem und war tagelang einfach weg. Mal kam die Polizei, dann war ich wieder bei anderen Leuten oder eben bei meinen Grosseltern mütterlicherseits. Ich erinnere mich, wie ich als Kind in meinem Bett erbrochen habe. Und niemand war zu Hause.

PATRICIA ANDERSEN

Als die Wohnung meiner Mutter am Zürichberg geräumt wurde, soll sie voll Dreck gestanden haben. An diesen Dreck erinnere ich mich gut. Es gibt heute noch Gerüche ... Ein überlaufenes WC zum Beispiel ist für mich der Horror. Oder verschimmeltes Pumpernickelbrot. Alles hat immer irgendwie gestunken. Ich selber bin deswegen nicht unbedingt ordentlich, aber sauber muss es sein. Das habe ich ganz sicher aus der Zeit mit meiner Mutter. Ich vertrage Dreck nicht. Es kann schon mal staubig sein, aber lieber nicht, wenn es nicht sein muss. Später lebte meine Mutter mit ihrem Partner zusammen. Der hat schon geschaut, dass alles so einigermassen in Ordnung war. Aber im Keller fanden wir nach ihrem Tod ein Riesenchaos vor. Überall versteckte Flaschen.

Im Kinderheim hatte ich zuerst keinen Kontakt mehr mit meinen Eltern, bis eben mein Vater auftauchte. Warum mein Vater 1974 plötzlich wieder kam, weiss ich nicht. Ich wurde damals auf meinen Wunsch hin getauft. Vermutlich hatte das Heimleiterehepaar meinen Vater eingeladen. Seither stand er wieder in meinem Leben, und das blieb bis zu seinem Tod so.

Ich habe mich ihm immer nahe gefühlt. Ich muss aber sagen, auch mein Vater hatte ein Alkoholproblem. Wenn ich ihn als Fünft- oder Sechstklässlerin über das Wochenende besuchte, war er oft sturzbetrunken. Statt mit ihm zusammen zu sein, schaute ich den ganzen Tag Fernsehen oder spielte irgendwo mit anderen Kindern. Wenn er betrunken war, konnte er sehr brutal werden. Das habe ich mehr als einmal erlebt. Vor allem in der Pubertät war das ein Thema, als er versuchte, sich mir sexuell anzunähern. Das habe ich natürlich überhaupt nicht vertragen, und ich hatte damals eine Phase, in der ich den Kontakt zu ihm nicht mehr wollte. Oft war ich auch einfach enttäuscht: Da wollten wir zusammen Weihnachten feiern, aber er war am frühen Abend bereits so blau, dass ich ihn ins Bett bringen musste. Darüber geredet habe ich vermutlich mit niemandem.

Mein Vater ist 1992 gestorben – seinem Leben entsprechend: Er lebte damals in Santo Domingo in der Dominikanischen Republik und wurde dort umgebracht. Er hatte sich immer im Graubereich bewegt und war umgeben von komischen Gestalten. Er war vergiftet worden, was bei der Obduktion belegt werden konnte. Doch wer dahintersteckte, ob es um Frauen ging oder um Geld, konnte nie abschliessend geklärt werden. Darum kann auch nicht ausgeschlossen werden, dass er sich selber umgebracht hat. Obwohl das niemand wirklich glaubt. Zuletzt war er mit einer Frau aus Togo verheiratet. Aber alle wussten, dass es in Santo Domingo noch eine andere Frau gab.

Wenn mich jemand fragt, wie mein Vater war, dann muss ich sagen, ich hatte eigentlich keinen. Es war eher so, dass ich ihn versorgt habe. Mit meiner Mutter war das anders: Wir waren uns als Erwachsene ebenbürtig. Ich habe zwar ihr Elend erkannt, musste mich aber nicht um sie kümmern.

Ich habe das Thema Heim immer offen auf den Tisch gelegt. Schon früh spürte ich, dass es ein Problem ist – für die Umwelt, nicht für mich. Manchmal schrieb ich für die Zürichsee-Zeitung einen Lagerbericht oder irgend so was. Unsere im Kinderheim einstudierten Theaterstücke führten wir immer vor einer relativ grossen Öffentlichkeit auf, nicht nur für die Eltern. Auch um zu zeigen: Im Heim leben nicht nur böse Kinder. Ein einziges Mal zweifelte ich an meiner Offenheit, als ich mich für eine Lehrstelle beworben hatte. Beim Bewerbungsgespräch fragte mich der Lehrmeister, ob ich wirklich glaube, dass sie jemanden aus einem Heim einstellen würden. Das sagte er mir direkt ins Gesicht. Da bin ich ziemlich ausgerastet. Kurz darauf fand ich eine Lehrstelle als kaufmännische Angestellte bei der Altersbeihilfe der Stadt Zürich, heute Amt für Zusatzleistungen, und kam unter die Schirmherrschaft von Emilie Lieberherr, die damals Vorsteherin des Sozialamtes war.

Einige von uns in der Grünau konnten schon damals nichts Positives am Kinderheim sehen. Ich habe noch mit jemandem Kontakt, und der verleugnet diese Zeit total. Er will nichts mehr davon wissen. Für mich war das Kinderheim mein Zuhause, und oft war es wirklich lässig – auch mangels Alternative. Diese Erkenntnis hatte ich jedoch erst im Laufe der Zeit. Ich war immer gerne im Kinderheim, so gerne, dass ich sogar in meinen Schulferien dort bleiben wollte. Das Lebhafte gefiel mir. Ich bin vermutlich einfach anders gewickelt: Es macht das Leben einfacher, wenn man das Gute an einer Situation sieht. Das habe ich mir schon früh antrainiert, sicher auch, um zu überleben.

Aber plötzlich wollte ich dann ganz abrupt einfach gehen. Auch später in meinem Leben habe ich das immer so gemacht. Ich fing auf negative Art an, mich loszulösen. So auch in der Grünau: Kurz nach dem letzten Schultag zog ich ins Tessin und wollte ein Au-pair-Jahr machen. Nach drei Wochen bekam ich gesundheitliche Schwierigkeiten. Ich hatte Atemnot und konnte nicht mehr schlafen. Der Arzt meinte, ich hätte Heimweh. Damals hatte ich eine Vormundin, und wir entschieden, dass ich wieder zurückgehe. Zurück – aber wohin zurück?

Das Heimleiterehepaar bot mir an, wieder in der Grünau zu wohnen. Das tat ich dann auch für eine kurze Zeit, bis ich eine Stelle in einem Restaurant fand, wo ich auch ein eigenes Zimmer bekam. Mein erstes eigenes Zimmer. Ich hatte einen Freund und zum ersten Mal mein eigenes Geld. Mein erster Lohn betrug 1000 Franken. Ich stand zuerst ratlos mit der Note da und wusste nicht, wohin damit. Bis zu diesem Zeitpunkt hatte ich jedes Mal bei der Vormundschaftsbehörde einen Antrag stellen müssen, wenn ich mir Kleider anschaffen wollte. Bis meine Sommerkleider bewilligt wurden, war es meistens schon wieder Winter.

Auf meinen Auszug folgte eine schwierige Phase mit den Heimleitern. Sie wollten, dass ich regelmässig vorbeikomme und mich zeige. Aber ich wollte richtig weg vom Kinderheim. Niemand sollte mehr über mich bestimmen. Gleichzeitig vermisste ich das Heim und die Menschen darin.

Es hatte immer etwas Ambivalentes: So gerne ich auch im Heim war, ich fühlte mich dort nie richtig erkannt und hatte immer das Gefühl, im Weg zu sein. Vermutlich hätte ich heute noch das Gefühl, die anderen beiden Mädchen aus meinem Zimmer würden bevorzugt. Ich war nie eine, die mit ihren Gefühlen so rauskam, was mir die Heimleitung auch vorhielt. Das traf mich immer sehr. Ich war halt frech und habe gesagt, was ich dachte, oder auch mal ausgerufen. «Du bist doch die Gescheitere, du müsstest es doch besser wissen», hiess es dann. Ich hatte aber gar keine Lust, immer die Gescheitere zu sein. Ich hatte eigentlich immer das Gefühl, unerwünscht zu sein. Und dann das berühmte Klischee: Damit man mich gerne hat, muss ich gut sein. Dieses

Gefühl hatte ich schon immer, und ich stolpere heute noch darüber. Heute merke ich es vielleicht eher.

Vor einigen Jahren habe ich mich mit der Heimleiterin ausgesprochen. Die Heimleitung wollte uns damals das Gefühl von Familie geben, was ich aber nicht annehmen konnte. Als Heimkind hat man eine andere Position und andere Gefühle. Es war für mich immer ein Thema, wie weit ich Nähe zulasse oder zulassen kann.

Ich war oft wütend auf die Heimleiter, weil sie mir den Kontakt zu meinen Eltern und zu meinen Grosseltern nicht erlaubten. Sie dachten, es tue mir nicht gut. Dagegen wehrte ich mich bei der Vormundschaftsbehörde. Als meine Mutter mich an meinem fünfzehnten Geburtstag zum ersten Mal anrief, hat mich das fast aus den Socken gehauen.

Ich hatte auch Wutgefühle gegenüber meiner Mutter. Aber in erster Linie tat sie mir leid. Mit achtzehn war ich eine Woche mit ihr zusammen in den Ferien. Damals habe ich ihr sehr offen gesagt, dass ich es nie verstanden habe, warum sie mich und meine Halbschwester hat sitzen lassen. «Ich hätte so gerne für euch geschaut, aber ich konnte es einfach nicht», meinte sie. So habe ich sie auch erlebt. Es gab keine Beständigkeit in ihrem Leben – ausser dem Alkohol. Sie starb an Weihnachten 1988, gerade einmal 43 Jahre alt geworden. Ich bin froh, dass ich damals bei ihr war.

Meine Mutter hatte 1975 nochmals ein Mädchen geboren. Meine Halbschwester wurde schon früh adoptiert und wuchs in Bern auf. Ein halbes Jahr nach ihrer Geburt kam sie zu einer Pflegefamilie, dann in ein Kinderheim. Mit zweieinhalb wurde sie zur Adoption freigegeben. Meine Mutter erzählte mir, sie sei damals unter Druck gesetzt worden, die Adoption zu unterschreiben. Ich habe keine Ahnung, was wirklich gelaufen ist. Ich vermute aber, dass ähnliche Probleme aufgetaucht sind wie damals bei mir, dass meine Halbschwester Verwahrlosung erfuhr.

An den Geburtstagen meiner Halbschwester hat meine Mutter immer sehr gelitten. Ich versuchte immer, an diesen Tagen bei ihr zu sein. Meine Halbschwester und meine Mutter sahen sich nach der Adoption nie mehr. Leider. Für meine Halbschwester ist diese Tatsache nicht einfach zu verkraften. Sie hat das Gefühl, dass ihr etwas Wesentliches fehlt.

Seit 1995 habe ich Kontakt zu meiner Halbschwester. Ich kannte ihren Vormund, doch der durfte mir natürlich nichts sagen. Das Einzige war, zu warten, bis sie volljährig wurde. Kurz nach ihrem zwanzigsten Geburtstag hat sie mich gefunden. Seither haben wir Kontakt. Nicht sehr intensiv, aber immer wieder. Sie wusste, dass es mich gab, und konnte mich dank ihrer Pflegemutter finden. Diese wusste noch meinen ledigen Namen und hatte auch Fotos von uns beiden zusammen. Meine Halbschwester sollte eigentlich auch in die Grünau kommen. Doch plötzlich war alles anders. Die Heimleiter erklärten mir, dass ich meine Halbschwester nicht mehr sehen durfte, weil sie zur Adoption freigegeben worden war. Das war relativ tough für mich.

Meine Halbschwester hat sehr viel Ähnlichkeit mit meiner Mutter. Das ist für mich manchmal sehr komisch. Sie haben gleiche Gewohnheiten. So hat meine Halbschwester wie meine Mutter immer Läkerol bei sich. Sie gleicht meiner Mutter auch im Gesicht. Wir haben alle drei die gleiche Handform.

Das erste Mal habe ich aus voller Überzeugung geheiratet. Mit 22. Zu meinem damaligen Mann und seiner Partnerin ist bis heute eine Freundschaft geblieben. Meinen zweiten Mann wollte ich eigentlich nie heiraten. Er ist der Vater meiner Tochter, und seine Familie machte damals viel Druck. Wir waren beide schon mal geschieden, und ich war schwanger … Meinen jetzigen Mann habe ich 2005 ebenfalls aus Überzeugung geheiratet.

Bei der Geburt meiner Tochter musste ich zwar viel an meine Mutter denken, aber mehr im Sinn: Schade, dass sie das nicht mehr erleben kann. Aber sonst gab es mit meiner Tochter eigentlich nie eine Verbindung zu meiner Kindheit, ausser dass ich für meine Tochter da sein wollte. Für mich war einfach klar, dass sie nie in einem Kinderheim landen wird.

Ich hatte mit meinem Kind eine super Schwangerschaft, aber eine sehr schwere Geburt. Die Ärzte rieten mir ab, nochmals schwanger zu werden. Für mich war das okay. Mein heutiger Mann hat schon drei erwachsene Kinder. Unsere Pflegetochter kam zu uns, nachdem sich ihre Adoptivmutter das Leben genommen hatte. Wir kannten Michelle bereits aus der Nachbarschaft und fanden es auch gut für mein Kind.

PATRICIA ANDERSEN

Mein Vater sagte mir einmal: «Du bist nicht mein Kind, mein Geschäft ist mein Kind.» Das hat sehr wehgetan! Im Nachhinein muss ich sagen: Vermutlich war es so. Er konnte mit Kindern einfach nichts anfangen. Oft habe ich unsere Heimleiterin in den Ohren: «Ihr gleicht vielleicht euren Eltern, ihr habt sicher auch Sachen von euren Eltern geerbt, aber ihr seid selber verantwortlich für euer Leben.» Das habe ich wirklich eins zu eins übernommen. Ich habe mich nie für meine Eltern geschämt. Ich habe mich aber auch nie dafür geschämt, dass es mir anders und besser geht als meinen Eltern.

FRITZ TROCHSLER

geboren 1962 in Sainte-Croix (VD)

vier Jahre in vier verschiedenen Kinderheimen
im Kanton Zürich

zwei Schwestern und ein Bruder

angefangene Metzgerlehre, heute freischaffender Künstler

eine Tochter (Jg. 1994) und zwei Söhne (Jg. 1994, 1999)

«DIE MACHEN AUS DIR EINEN RICHTIGEN GIEL.»

In Bern nennen mich alle Fridu. Mein Künstlername ist Antifrost. Ich wohne mit einem Wohnpartner in einer Aussenregion der Stadt. Wir wohnen allein, haben aber oft unsere Kinder bei uns. Zusammen haben wir sieben Kinder von vier verschiedenen Frauen. Meine zwei Söhne haben die gleiche Mutter. Das Mädchen ist von einer anderen Frau. Aber ich war eigentlich immer Single und werde es auch bleiben. Ich binde mich nicht gern.

Mein Vater war Grenzwächter beim Zoll, so richtig staatstreu. Ich hingegen bin ein immer wieder rückfälliger Sozialfall und hoch verschuldet. Momentan sind es so knapp 100 000 Franken. Die Schulden kommen von meinem Lebenswandel. Ich war lange politisch aktiv in der Anarchoszene. Da kam es immer wieder zu Verfahren.

Ich sehe meinen Vater nur selten. Er weint heute sehr schnell und meint: «So wie du lebst, kann man gar nicht leben.» Ich glaube, es tut ihm sehr leid, wie alles gelaufen ist. Als ich etwa sechs war, zogen wir von Rodersdorf Richtung Bassersdorf, weil mein Vater beim Flughafen Kloten eine Stelle annahm. Meine Mutter war immer Hausfrau. Sie war die Eingeheiratete, die gute Seele. Vor einigen Jahren ist sie an einer Leberzirrhose gestorben, obwohl sie nie ein komisches Leben geführt hat. Keine Medis. Nichts.

Ich habe zwei Schwestern, eine jüngere und eine ältere. Zehn Jahre nach mir kam noch ein Bruder, der wohlbehütet zu Hause aufwuchs.

Mit ihm habe ich am meisten Kontakt. Wir telefonieren ab und zu oder treffen uns.

Als ich in den Kindergarten kam, merkten meine Eltern: Der Junge hat Probleme. Wir waren frisch vom Land in die Stadtregion gekommen, ich hatte noch keine Friends und kroch immer alleine irgendwo rum. Ich wurde gehänselt und mit Steinen beworfen. Ich war völlig fehl am Platz. Also bin ich immer zu spät in den Kindergarten gekommen. So konnte ich mich am besten vor den Attacken schützen. In der Schule das Gleiche. Ich war nicht aggressiv, bin es bis heute nicht. Ich wusste nur einfach nicht, wer ich war und was ich auf dieser Welt verloren hatte.

Mein Vater hatte ein klares Bild von Familie. So muss es sein. Besonders gewalttätig war er nie. Für das, was ich bot, gab er sich sogar wahnsinnig Mühe. Doch ich merkte schnell, dass die Leute hinschauten, wenn ich erzählte: «Ich werde geschlagen, ich habe Angst vor meinem Vater.» Ich habe das zum Beispiel in der Schule erzählt, wenn man wissen wollte, was mit mir los ist.

Mit zehn fing das mit der Jugendanwaltschaft an. Massgebend war wahrscheinlich, dass ich der Lehrerin das Portemonnaie und die Handtasche mit dem Autoschlüssel gestohlen hatte. Ein Freund und ich wollten mit ihrem Auto abhauen. Es klappte dann aber doch nicht, und wir gingen mit einem geklauten Töffli auf die Kurve. Vierzehn Tage lang waren wir unterwegs und haben die Schweiz erobert.

Da schaltete sich die Jugendanwaltschaft ein. Sie nahm meine Situation sehr ernst und meinte: Den tun wir nicht mehr nach Hause, der hat Angst vor seinem Vater. Mein Vater fand damals: Die machen das, was ich nicht schaffe, die machen aus dir einen richtigen Giel. So kam ich in ein Beobachtungsheim in Männedorf und nachher ins Schulheim Sonnenbühl bei Brütten.

Offiziell hiess es Schulheim, aber in meinen Augen war es ein Heim für Schwererziehbare. Es war in dem Sinn eine geschlossene Anlage, dass sie dich in deinem Zimmer einsperren konnten, wenn du Blödsinn gemacht hattest. Aber sonst war alles offen. Man konnte abhauen, wenn man wollte. Ich bin nie abgehauen.

Ich spürte dort zum ersten Mal, dass andere Kinder auch Probleme haben. Ich versuchte ziemlich, mich einzugliedern, Anschluss zu finden.

Aber es hat nicht geklappt. Vermutlich war ich wieder fehl am Platz. Zum Abreagieren machte ich immer wieder Seich, den andere Kinder lustig fanden.

Ich betreute kleine Geissen. Die anderen Kinder quälten sie oft, machten Wäscheklammern an den Schwanz und so. Es tat mir einfach weh zuzuschauen. Als ein Junges zur Welt kam, habe ich mich sofort verknallt. Es wollte immer abhauen. Deswegen wurde ihm ein Pflock um den Hals gebunden. In der Nacht hörte ich die junge Geiss einmal schreien, aber ich konnte nichts machen. Am nächsten Tag lag die Geiss erhängt im Busch, sie hatte sich mit dem Pflock verfangen. Da reichte es mir mit dieser Tierquälerei. Ich tötete die Muttergeiss, um dem Ganzen ein Ende zu machen. Das Heim dachte: «Jetzt spinnt er völlig.» Daraufhin brachten sie mich zur Abklärung ins Zürcher Kinderspital.

Im Kinderspital konnte ich einen Monat verweilen. Es war ein Dürfen. Ich fand endlich Leute, die mir sagten: «Hey, du bist in Ordnung. Du stehst selber auf, bist hilfsbereit und stellst Fragen. Du musst nie mehr in ein Heim zurück, wenn du nicht willst. Wir helfen dir jetzt.»

Nach einem Monat hiess es plötzlich, dass ich doch in ein Heim zurückmüsse. Meine Eltern würden mich nicht mehr wollen. Das war zu viel für mich. Ich war gerade fünfzehn geworden. Mit dem Geburtstagsgeld von meiner Gotte, 50 Franken, kaufte ich Alkohol, soff mich in einen Vollrausch und versuchte zu verstehen. Schon in der Schule hatte ich mir selber gewisse Narben zugefügt, einfach um zu zeigen: He, die machen mich fertig. Auch damals mit fünfzehn wusste ich nicht, ob ich zu meinen Eltern zurückgewollt hätte. Vielleicht habe ich das auch gesagt. Und so ist eine ganz blöde Situation entstanden.

Im Vollsuff bin ich dann aus dem zweiten Stock gesprungen. In einen Dornenbusch rein. Ich rannte wieder ins Spital rein und wollte aufs Dach rauf. Aber sie fingen mich ab, holten mich aus dem Lift und verpassten mir eine Spritze. Im Burghölzli, in einer geschlossenen Abteilung, kam ich in der Badewanne wieder zu mir.

Zu zweit schrubbten sie meinen ganzen Körper. Ich war knallrot, und es brannte wie Glut auf der Haut. Dann trugen sie mich in ein Bett – ich konnte nicht mehr selber laufen – und banden mich an das Bett. Vierzehn Tage in einem grossen Saal, wo etwa dreissig Leute ans Bett gebunden waren. Das war eine grusige Situation. Ich weigerte mich zu essen und wurde daraufhin künstlich ernährt. Sie hätten mich vor dem Selbstmord beschützt, sagten sie. Das bedeutete Tag und Nacht Licht, Überwachung rund um die Uhr. Das war eine ganz schräge Welt. Nach vierzehn Tagen fand meine Mutter heraus, wo ich war. Nach vier Wochen holten sie mich raus. Gesetzlich hätte ich ja gar nicht dort sein dürfen. Das Burghölzli ist erst ab achtzehn. Ich war damals ja erst fünfzehn.

Ich hatte die obligatorische Schulzeit noch nicht hinter mir, und man wusste nicht, wohin mit mir. Ich entschied mich für den freiwilligen Landdienst. Während des Landdienstes tauchte ich immer wieder in grossen Einkaufszentren in Zürich auf und lud Leute zum Spielen ein: flippern, einarmiger Bandit – alles, was es damals so gab. Wir waren eine Clique, trafen uns, machten Lärm und lachten. Aber zum Spielen brauchte ich Geld, und das brachte mich so weit, dass ich auf den Kinderstrich in Zürich kam. Als ich im Shopville rumhängte, merkte ich schnell: Du brauchst fünf Minuten auf irgendeinem Klo, und schon hast du Geld.

Der sexuelle Kontakt hat mich immer total gestresst, der hat mich auch nicht angetörnt. Aber etwas muss mich auch gereizt haben – vielleicht, dass diese Leute auch speziell unterwegs waren. Sie respektierten mich, gaben mir Geld, Essen und auch Wärme. Ich verstand auch, wann ich einen verarschen musste. Es kamen Familienväter, Bisexuelle, viele ältere Herren, manche mit Jaguar. Profistricher. Und auch Frauen. Die hatten etwas ganz Kaputtes. Manchmal kam ich in Situationen, wo ich nicht mehr Herr und Meister über meinen Körper war, das war besonders schmerzhaft. Sie gaben mir etwas und verfügten über mich. Da war ich ganz froh, wenn ich wieder zum Landdienst zurückkonnte, zum einfachen Bauern. Dort war ich ein gern gesehenes Kind, das sich einsetzt, offen ist und lieblich. Ich habe damals weder gesoffen noch gekifft. Das Kiffen kam viel später. Das war eine komische Zeit. Psychisch sehr belastend. Ich genoss es auch, mit Clochards unterwegs zu sein, die sich zugeknallt hatten. Einfach so dabei zu sein.

Dann haben sie doch noch einen Platz für mich in einem Heim in Hinwil gefunden, und ich habe meine Schule fertig gemacht. Ich glaub, das war ein privates Heim mit sechs oder acht Kindern. Später fand ich eine Lehrstelle bei einem Metzger in Dübendorf. Der Chef passte mir nicht. Er hatte komische Ansichten und machte gegenüber der Lehrtochter primitive Bemerkungen. Als ich vor einem Wochenende länger putzen musste und dann noch mit 4000 Franken zur Bank sollte, habe ich das Geld genommen und bin auf die Kurve, nach Österreich, einer Liebschaft nach. Mit der Lehre war es damit vorbei.

Am Anfang schnallte ich das mit den Heimen nicht: Ich hatte das Gefühl, dass ich ein Werkzeug in einem System bin, das mit mir Geld machen will. War ja auch sehr teuer, die ganze Angelegenheit. Im Nachhinein muss ich sagen, die Heime haben mir auf jeden Fall etwas gebracht. Die Heime haben mir Halt gegeben. Im ersten, im Beobachtungsheim, zeigten sie mir, dass sie mich ernst nehmen, dass ich einen Platz auf dieser Welt habe und ein Bett. Zu Hause hatte ich keinen Halt. Man hat mich von zu Hause losgelassen, vom sicheren Herd. Gleichzeitig wehrte ich mich dagegen, dass man mich verändern wollte. Ich finde, dass dazu keiner ein Recht hat, solange keine Gewalt im Spiel ist.

Ich hatte immer das Gefühl, ich sei voll in Ordnung. Lasst mich einfach in Ruhe. Auf harten Drogen abgestürzt bin ich nie, auch nicht als ich in der Anarchoszene in Zürich und der Drogenszene an der Riviera abtauchte. Ich konnte nie im Nachhinein sagen: «Sorry, ich war stoned.»

Das Leben in der Anarchoszene hiess Häuser besetzen, das AJZ aufbauen und Demos organisieren. Ich mischte ziemlich vorne mit. An den Demos dokumentierte ich alles mit meiner Kamera, vor allem die Polizei und wie sie reagierte. Quasi die Sicht von denen, die eh eingesperrt und beobachtet wurden. Es war natürlich auch spannend zu erzählen, dass die Polizei auf dich los ist und deine Kamera geschlissen hat, zu merken, dass du als Drahtzieher gehandelt wirst.

Die Leute aus dieser Zeit wuchsen mir schnell ans Herz. Gleichzeitig musste ich lernen, sie schnell wieder loszulassen. Viele von ihnen starben auf mysteriöse Art, nachdem die harte Drogenszene im Zürcher AJZ aufgetaucht war. Es war eine sehr bewegte Zeit. Ich schwirrte dann immer häufiger in die Berner Anarchoszene aus. Und ich versuchte auch, irgendwie Kohle zu machen. Viele Diebstähle, Ladendiebstähle.

Schnapsweise, stangenweise. Und Haschverkauf. Und wenn ich irgendwo herausgefunden hatte, wie man einen Automaten knackt, dann hat es manchmal schon gekesselt.

Heute geht die Gesellschaft anders um mit Jugendlichen. Sie schaut mehr, um was es eigentlich geht. Vielleicht hat es auch durch die Frauen eine Verbesserung gegeben, Frauen, die selber Kinder haben. Früher gab es in den Behörden und Heimen nur Männer, die den Ton angaben. Aber es ist nach wie vor so: Wenn es dich erwischt, dann ist es gelaufen. Ich war insgesamt zwei Jahre im Gefängnis, verteilt auf zehn Jahre. Das erste Mal mit neunzehn. Meistens wegen kleiner Scharmützel. 1986 wurde ich auf dem Rückweg von Holland nach Köln am Zoll verhaftet. Sie hatten im WC-Abteil Dope gefunden. Es war meins, aber beweisen konnten sie das nie. Die ersten fünf Monate sass ich in Spezialhaft in Düsseldorf, was hiess: keinen Kontakt zu anderen Menschen, Tag und Nacht Licht, alle fünf Minuten Beobachtung – wegen Selbstmordgefahr, haben sie behauptet. Dort fing ich an, mich mit Lebensmittelfarben auszudrücken, ich schrieb und textete, bastelte aus Brot, WC-Papier und Zahnpasta Figuren und zog einfach mein Leben durch. Ich war in der Zeit nicht wütend, sondern sehr enttäuscht. Ich war doch jemand so Spezielles, jemand Feines, und fühlte mich ungerecht behandelt. Nach zehn Monaten wurde ich freigesprochen – mangels Beweisen. Das war einer der ersten Freisprüche in der ehemaligen BRD, bei dem es um Dope ging.

Ich hatte schon fünfzehn Jahre lang ein Leben mit Kunst und Film hinter mir, hatte einen klaren Stil drauf. Da erklärte mir meine langjährige Freundin, dass sie von mir schwanger sei. Aber ich hatte gerade eine andere Frau kennengelernt, die ich nicht verlieren wollte und von der ich im gleichen Jahr eine Tochter bekommen sollte. Mit dieser Frau lebte ich zwei, drei Monate zusammen. Dann zog sie aus.

Heute habe ich zu allen drei Kindern einen guten Kontakt. Ich bin stolz auf sie. Meine Tochter wohnt mit ihrer Mutter und ihrer Schwester in Ungarn. Die Jungs sind selten bei mir. Sie fühlen sich nicht richtig daheim bei mir, haben kein eigenes Zimmer.

Meine Kunst verkauft sich nicht. Jetzt hilft mir quasi das Sozialamt, meine Ressourcen zu entdecken. Das geht so: Erst hacken sie dir die Arme ab, dann die Beine, und dann merken sie: Die Innereien sind auch noch da. Und wenn du wirklich nichts mehr hast, dann sagen sie dir: «Jetzt bist du parat, jetzt kannst du mit uns zusammenarbeiten.» Sie haben mich in einen Kurs geschickt: Portfolio, Lebenslauf, Zeugnisse schreiben. Das ging super. Doch letztlich war alles für die Katz.

Ein paar Jahre lang war ich Präsident der Notschlafstelle Sleeper in Bern. Da verwaltete ich jährlich 120 000 Franken und zahlte fünfzehn Leuten Lohn aus. Es muss für mich einfach Sinn machen. Suppen in irgendeiner Firma zu verpacken, da drehe ich durch.

MICHAELA HAHN

geboren 1959 in Vaduz (LI)

sechzehn Jahre im einem Kinderheim im Kanton St. Gallen

ein Halbbruder und mehrere Halbschwestern (gleiche Mutter)

Sozialpädagogin, Teamleiterin einer Wohngruppe

zwei Töchter (Jg. 1983, 1993) und zwei Söhne (Jg. 1984, 1988)

«BEGRIFFE WIE VATER UND MUTTER SIND RELATIV.»

Ich spreche selten über meine Kindheit. Aber jedes Mal, wenn ich darin verweile, bewegt sie mich. Es ist nicht mehr Schmerz, es sind Emotionen, die kommen und gehen. Bruchstücke tauchen wie durch Schleier auf. Bilder, Worte, Geräusche und Gerüche nehmen für einen kurzen Moment Raum ein, um dann wie Wolken am Himmel wieder weiterzuziehen. Nachts holen sich plötzlich die Träume, was der Tag nicht zugelassen hat. Noch vor einigen Jahren ist das oft geschehen, heute sind solche Träume selten. Viele Kinder erleben auch im Heute ähnliche Situationen. Ich war ohne Schutz. Rechtlos. Kein Beistand oder Vormund stand für meine Rechte ein.

Meine Mutter ging kurz nach meiner Geburt vom Kindbett weg und liess mich im Spital zurück. In Vaduz gab es offenbar damals keine passende Institution. Also brachten mich die Spitalnonnen acht Tage nach meiner Geburt auf die andere Seite des Rheins nach Sevelen zur Pflege. So die Informationen meiner Pflegemutter.

Meine Mutter kam aus dem Burgenland und arbeitete bei meinem Vater im Service, in Weite im Rheintal. Offenbar lernte sie in dieser Zeit einen anderen Mann kennen und gründete mit ihm nach meiner Geburt eine neue Familie, in der ich keinen Platz bekam. Durch meine Geschichte sind Begriffe wie Vater und Mutter für mich relativ. Bei meiner Mutter bedeutet die Bezeichnung einzig, dass sie mich in diese Welt geboren hat. Für mich hat sich der Begriff Mutter durch meine

MICHAELA HAHN

vier Kinder gefüllt mit Zuwendung, Dasein, mit achtsamer und liebevoller Präsenz.

Sevelen liegt gegenüber von Vaduz. Das Friedheim, so hiess das Haus meiner Pflegemutter, gehörte ihr. Sie war zum dritten Mal verheiratet und erzählte mir später, dass sie ihren Mann nur geheiratet hatte, um von anderen Männern in Ruhe gelassen zu werden. Sie hatten einander nicht viel zu sagen, sie mochten einander nicht besonders, jeder lebte sein eigenes Leben. Er war deutlich älter als sie, so um die siebzig. Ich nannte ihn Grossvater. Er hatte seine Geissen und lebte und schlief vorwiegend im Geissenstall im Dorf. Ich ging oft nach der Schule bei ihm vorbei. Es roch nach Käsesuppe und Kaffeemöcke, der scharfe Geruch vom Geissbock und von den Geissen stieg mir in die Nase. Ich mochte ihn und diese kleine, scheinbar heile Welt im Stall. Er traf keine Erziehungsmassnahmen, nahm nicht Stellung, ergriff keine Position. Er bewegte sich am Rande vom System Friedheim. Er hatte Zeit, war da und freute sich immer, wenn ich vorbeikam.

Die anderen Kinder lebten im Friedheim, weil die Eltern Alkoholprobleme hatten oder weil sie Verwahrlosung erlebt hatten. Die Kinder wurden dem Heim von der Gemeinde zugewiesen. Das Geld, das meine Pflegemutter dafür erhielt, sicherte ihre Existenz. Dazu kamen Tageskinder, deren Eltern in der nahe gelegenen Baumwollfabrik arbeiteten. Manchmal waren es zehn bis achtzehn Kinder. Die eigenen drei Kinder meiner Pflegemutter waren schon erwachsen. Der eine Sohn kam nach seiner Scheidung wieder zurück zur Mutter. Ich nahm ihn am Anfang nur am Rande wahr.

Mir war nicht immer klar, dass meine Pflegemutter nicht meine leibliche Mutter ist. Erst so im Kindergartenalter begann es mich zu beschäftigen, warum ich nicht Mama sagen durfte. Wir nannten sie Tanti. Als ich sie einmal beim Einkaufen darauf ansprach, wurde sie unwirsch, sehr unwirsch sogar: «Ich bin nicht deine Mutter, ich will, dass du mich Tanti nennst.» So habe ich sie auch später erlebt, so klar in ihrer Abgrenzung.

Die Jahre im Kindergarten habe ich nicht in schlechter Erinnerung. Die Kindergärtnerin konnte wunderbar Gitarre spielen und wusste viele Geschichten. Ich denke, dass ich ein angenehmes, fröhliches Kind war.

Sicher stritt ich auch und erkämpfte eine Position. Ich war das einzige Mädchen, das ständig im Friedheim wohnte. Ich musste viel helfen. Auf die anderen Kinder aufpassen, die tagsüber im Heim waren. Kochen, Feuer machen, im Garten helfen und holzen. Wenn ich traurig war, lief ich zum Wald am Rhein, kletterte auf Bäume und suchte mir im Tujahag meine Verstecke. Zu meiner Pflegemutter ging ich nicht. Sie war keine böse Frau, aber mit ihrer Situation oft überlastet. Heute sehe ich viel aus dem Blickwinkel meiner Arbeit. Sie hatte keine Ausbildung für die Begleitung von schwierigen, zum Teil auch psychisch schwer beeinträchtigten Kindern. Sie hatte in vieles keinen Einblick. Ich hörte sie am Abend oft weinen. Sie war den vielen schwierigen Situationen einfach nicht gewachsen. Gegen aussen wirkte sie jedoch unwahrscheinlich stark und bekam auch kritiklose Anerkennung für ihr Wirken aus der Gesellschaft.

Als ich älter wurde, überwog das Gefühl, dass ich mich zusammennehmen muss. Wenn ich nicht gehorchte, kam schnell der Satz: «Wenn du nicht recht tust, musst du ins Burgenland.» Einmal, ich war etwa neun Jahre alt, lief ich mit anderen Kindern zum Bahnhof, weil sich dort Soldaten aufhielten. Wir bekamen von ihnen Schoggi und Militärbiskuits. Als ich ahnungslos und voller Freude nach Hause kam, wurde ich schon erwartet. Meine Pflegemutter war so wütend, wie ich sie selten erlebte. Mit ihrer Rute schlug sie auf mich ein und schrie: «Du wirst nicht wie deine Mutter! Das treib ich dir schon aus!» Ich verstand sie nicht, aber ich fühlte mich schuldig, und eine tiefe Traurigkeit breitete sich in mir aus.

Ich sah meine Mutter zum ersten Mal, als ich etwa zehn war. Der Pfarrer aus dem Unterricht sagte eines Tages: «Wir besuchen eine Frau in Triesen.» Auf dem Retourweg erklärte er mir, dass diese Frau meine Mutter sei. Wir waren in einem grossen, modernen Haus gewesen. Ich erinnere mich noch gut an das Bild von einem Schäferhund an der Wand. Die Frau sah ich aber nur noch verschwommen vor mir. Erst viel später realisierte ich, dass der Pfarrer und sie ständig in Kontakt gestanden sein mussten und dieses Treffen bewusst arrangiert worden war.

Es gibt viele Ungereimtheiten in meiner Kindheit. Vieles konnte ich meine Pflegemutter nicht fragen, sie wich meinen neugierigen

Fragen aus und wurde schnell zornig. Sie starb, als ich etwa 24 Jahre alt war. Laut meiner Pflegemutter, wollte man mich zwei Mal adoptieren, aber meine Mutter gab ihr Einverständnis dazu nicht. Warum nicht?

Ich war etwa elf Jahre alt, als die Übergriffe begannen, und fünfzehneinhalb, als ich mich mit Erfolg dagegen wehrte. Angezeigt habe ich den Sohn meiner Pflegemutter nie. Das wäre unvorstellbar gewesen – auch ihr davon zu erzählen. Ich verstehe nicht, was Mutter und Sohn für eine Beziehung hatten. Irgendwie eigenartig. Doch sie muss gehört haben, wie ihr Sohn immer wieder durch ihr Zimmer ging zu meinem Schlafschlupf. Erst die Treppe rauf, dann die Diele nach hinten und durch ihren Schlafraum zu meinem. Unten war die Stube, wo sie sich abends fast immer aufhielt. Dass sie nichts unternommen hatte, verfolgte mich jahrelang. Als Kind hatte ich den Traum, dass mich eines Tages meine Mutter abholt. Nach dem ersten Übergriff verlor ich neben diesem Traum auch für viele Jahre meinen Körper und mein Vertrauen in das Gute, zum Leben. Der Sohn – auch er ist inzwischen offenbar gestorben – musste auch meinen Vater gekannt haben. Er drohte mir oft damit, dass ich selber schuld sei und er dem Vater alles erzählen werde. Ich wusste nicht, was, fühlte mich aber schuldig.

Mit 28 besuchte ich aus eigener Initiative meine Mutter. Ich telefonierte zuerst mit ihr. Viele Jahre lang trug ich ihre Telefonnummer mit mir herum. Ich musste die bewegenden Fragen loswerden: Wie ist es möglich, dass eine Mutter ihr Kind zurücklässt, um ein paar Kilometer weiter entfernt eine neue Familie zu gründen? Das ist doch verrückt! Wer ist diese Frau? Am Telefon klang ihre Stimme offen, und sie lud mich zu sich nach Triesen ein. Sie wohnte noch im gleichen Haus, so wie ich es in Erinnerung hatte, sogar das Bild mit dem Schäferhund hing noch an der Wand.

Meine Mutter war eine erfolgreiche Geschäftsfrau geworden. Sie hatte mit ihrem Mann ein eigenes Geschäft aufgebaut und nochmals vier oder fünf Kinder bekommen. Ich habe also Halbgeschwister. Sie erzählte mir bei diesem Gespräch, dass ihr Mann kein fremdes Kind akzepiert hätte. Er fuhr bei diesem Besuch einmal mit seinem Rollstuhl durch den Raum. Wusste er, wer ich war? Später stiess eine Halbschwester dazu, und als sie fragte, wer ich denn sei, stellte meine Mut-

MICHAELA HAHN

ter mich vor. Zum ersten Mal hörte ich sie meinen Namen und meinen Bezug zu ihr aussprechen. Das hat mich unglaublich berührt. Meine Halbschwester war völlig erstaunt. Bis zu diesem Zeitpunkt hatte ich in dieser Familie nicht existiert, das war mir sofort klar.

Ich fühlte mich bei dieser Begegnung nicht besonders verbunden mit meiner Mutter. Viele Fragen blieben unausgesprochen oder nicht beantwortet. Ich bot ihr damals meine Bereitschaft an, eine Beziehung aufzubauen. Sie hat dieses Angebot bis heute nicht wahrgenommen.

Zwei weitere Male suchte ich den Kontakt. Einmal brauchten wir dringend Geld für eine Dachrenovation am Haus. Da dachte ich, diese Frau hat mich so sitzen gelassen, jetzt könnte sie ruhig auch finanziell etwas beitragen. Ich teilte ihr das schriftlich mit, was natürlich nicht gut ankam.

Vor einigen Jahren schrieb ich ihr vor einer grösseren Reise einen Brief. Es ist schon so, eine gewisse Sehnsucht bleibt. Der Intellekt vermag so vieles einzuordnen, aber tief in der Seele geschieht die emotionale Auseinandersetzung. Eine Traurigkeit steckt da in einer Ecke, doch sie taucht immer wieder auf. Es würde mich unwahrscheinlich freuen, wenn sie die Bereitschaft hätte, mir einfach in die Augen zu schauen. Es bräuchte eigentlich nur einen Satz, es tut mir leid, dass ich die Verantwortung nicht wahrnehmen konnte.

Nach meiner Schulzeit bin ich vom Friedheim weg ins Haushaltjahr. Anschliessend ging ich nach Genf. Dort lebte ich als Au-pair bei einer Familie, aber ich fühlte mich nicht wohl. Der Monsieur machte Annäherungsversuche, da bin ich ausgerissen und habe mich auf den Weg nach Italien gemacht. Als nach vielen Wochen ein Fahndungsfoto von mir im Fernsehen ausgestrahlt wurde, ging meine Reise zu Ende. Offenbar hatte man mich vermisst – das erstaunte mich sehr.

Grossvater wurde während dieser Zeit sehr krank und musste gepflegt werden. Ich pflegte ihn zusammen mit der Gemeindeschwester, bis er starb. In Zürich begann ich danach die Ausbildung als Krankenschwester. Nach einem Jahr brach ich sie ab: Ich konnte mich nicht genügend abgrenzen von den kranken Menschen. Es war die Zeit von Platzspitz und AJZ. Abends bin ich oft auf der Gasse rumgehängt und habe bald gemerkt, das ist es nicht, was ich suche. Ich hätte extrem abstürzen können. Aber das entsprach mir nicht. Ich war auf der Suche nach mir und wollte mehr Leben finden. Ich hatte auch Glück.

Während meiner Ausbildung zur Kleinkinderzieherin lernte ich den Vater meiner Kinder kennen. Ich erzählte ihm nur wenig über meine Kindheit und die Übergriffe. Ich war damals 24 Jahre alt. Ich denke, dass diese erste Beziehung für mich enorm wichtig war. Ich wollte in eine Normalität hineinkommen – nicht um zu ignorieren, was vorher passiert war, sondern ich wollte einfach ein ganz normales Leben leben. Ich wurde schwanger. Als ich meine Tochter das erste Mal in den Armen hielt, schien mein ganzes Leben für einen Moment stillzustehen, und ich spürte, dass ich anfing, bei mir anzukommen. Dass das Leben bei meiner Pflegemutter nicht normal gewesen war, hatte ich auf allen Ebenen gespürt. Sei es in der Schule oder beim Einkaufen, es war immer klar: Ich war eine vom Friedheim. Der aufgedrückte Stempel war überall spürbar.

Ich habe mich nie mit meinen Kindern hingesetzt und ihnen meine Geschichte erzählt. Das geschah Stück für Stück. Als zum Beispiel meine Tochter etwa zwölf Jahre alt war und einmal nicht wie vereinbart nach Hause kam, wusste ich, dass ich in meiner Fantasie völlig bei meinem eigenen Erleben steckenblieb. Ich hatte eine riesige Angst um sie und erklärte ihr im Nachhinein, woher meine Angst kam. So haben sie durch kleine Begebenheiten vieles von mir erfahren. Jedes einzelne Kind trug viel zu meiner eigenen Heilung bei. Durch sie bin ich etappenweise in Situationen gekommen, die mich mit meiner eigenen Kindheit konfrontiert haben. Ihre uneingeschränkte Liebe hat mich weicher, liebevoller und klarer gegenüber dem Leben werden lassen. Himmel und Erde haben sich mit so viel Schönheit langsam zu einem Ganzen gefügt.

Meine Kinder würden meine Mutter gerne kennenlernen – sie müssen sich ihr eigenes Bild von ihr holen. Mein Vater war immer ein Phantom für mich. Einmal habe ich ihn gesucht und bin mit dem Velo vor sein Gasthaus gefahren. Dann habe ich ihn gesehen und war irgendwie enttäuscht. Auch mein Vater muss gewusst haben, wo ich war. Er lebte ja ebenfalls nur wenige Kilometer weit weg mit seiner Familie.

Ich habe mich viele Jahre lang geweigert, die Ansicht zu akzeptieren, dass Urvertrauen nur in den ersten Jahren aufgebaut werden kann.

MICHAELA HAHN

Aber es ist schon so. Da ist eine Lücke in meinem Leben, die gilt es wahrzunehmen, anzuerkennen, neu zu füllen und achtsam in Vertrauen zu wandeln. Ich habe Männer kennengelernt, die mein negatives Mannbild verändert und Zuneigung und Wertschätzung möglich gemacht haben. Schritt für Schritt eroberte ich mir über die Jahre mein Frausein zurück. Wunderbare Freundinnen begleiteten und stützten meinen Weg. Immer wieder traf ich gutherzige Menschen. Der Traurigkeit kann ich heute einen Platz geben, sie wahrnehmen und dort stehen lassen. Das ist meine Auseinandersetzung und gehört zu meinem Leben.

Seit einigen Jahren bin ich Gruppenleiterin in einer Wohngruppe. Ich begleite Menschen mit unterschiedlichen Beeinträchtigungen. Es ist eine bereichernde Arbeit, die mir und meiner ganzheitlichen Denkweise entspricht. Inzwischen hat mein Team Kenntnis über meine Kindheit. Ich brauchte zuerst eine gewisse Vertrautheit. Die Erfahrung, dass Leute eher einen Schritt zurückgehen, wenn ich das Heim erwähne, hat mich vorsichtig werden lassen. Mir ist es ein Anliegen, dass ich in Respekt und Achtsamkeit im Heute wahrgenommen werde.

Mir wurde erzählt, meine Mutter hätte sich während meiner Schwangerschaft geschnürt. Sie servierte ja damals und wollte oder musste vielleicht auch die Schwangerschaft verstecken. Da bin ich schon als Fötus und später als Kind auf einer Basis herangewachsen, die meine Daseinsberechtigung in Frage stellte. Diese Wahrnehmung hat sich tief in mich hineingeschlichen. Als ich mein Studium als Sozialpädagogin abschloss, war ich richtig stolz auf mich. Trotzdem schlich sich auch da wieder diese Unsicherheit in meine Freude, das Gefühl, dass es nicht reicht. Diese Unsicherheit wird mich immer begleiten, und ich werde mich ihr immer wieder stellen.

Als Kind war ich davon überzeugt, dass es mehr geben musste im Leben als das, was ich gerade hatte. Ich forderte immer wieder Veränderung und traf auf diesem Weg auch stets Menschen, die mich in meiner Entwicklung unterstützten. Ich wollte nie mein Leben auf der Ebene stehen lassen, dass ich die Betrogene bin. Über diesen langen Prozess habe ich eine Familie bekommen – das, was ich unter Familie verstehe.

ROGER HEINZMANN

geboren 1971 in Münsingen (BE)

neun Jahre im selben Heim im Kanton Bern

zwei Brüder (gleicher Vater) und zwei Schwestern (gleiche Mutter)

Maler, Polizeiassistent und Strafvollzugsfachmann,
heute Sicherheitsmitarbeiter

zwei Söhne (Jg. 2001, 2003) und zwei Töchter (Jg. 1999, 2005)

«ES BRAUCHT NICHT VIEL, UM IN EIN HEIM ZU WOLLEN.»

Als ich sechs war, ist mein Vater gestorben. Er war damals 37. Er ist an Krebs gestorben. Ich kann mich an meinen Vater in Bruchstücken sehr gut erinnern. Man ist ja so angelegt, dass man nur das Gute in der Erinnerung behält. Ich habe ihn als sehr liebevolle Person erlebt.

Als mein Vater starb, lebte ich bei meinem Götti, dem Bruder meines Vaters. Er war so wie meine Eltern aus dem Wallis nach Münsingen gekommen. Meine Mutter, hiess es, sei schlicht nicht in der Lage gewesen, sich alleine um ein Kind zu kümmern. So habe ich sie später auch erlebt.

Mein Vater hatte schon zwei Kinder. Die sind um einiges älter als ich. Wir haben uns vor langer Zeit mal getroffen. Also «kennen» wäre zu viel gesagt. Meine Mutter bekam nach mir noch zwei Kinder mit einem anderen Mann. Beide lebten wie ich nicht bei meiner Mutter: Meine eine Schwester ist bei einer Tante im Wallis aufgewachsen, die andere bei einer Pflegefamilie.

Bei den Jahren, als mein Vater krank war, habe ich immer Mühe mit der Zeiteinordnung: Mein Vater und ich lebten, wenn ich mich nicht täusche, vor seinem Tod noch mit einer anderen Frau zusammen. Später begann eine Odyssee. Ich kam in verschiedene Pflegefamilien. Es müssen unglaublich viele gewesen sein. Vermutlich um die zehn Familien. Ein Erzieher vom Kinderheim kannte meine Akten, daher weiss ich das. Keine Ahnung, woran es jeweils scheiterte. Das Rechtliche war

ROGER HEINZMANN

sicher kein Problem. Ich hatte eher das Gefühl, dass sich die Pflegefamilien nicht so ganz im Klaren waren, um was es ging. Das nehme ich zumindest an. Ich selber habe meine Akten nie angeschaut. Ich hatte dazu gar keinen Zugang. Als Erwachsener vermutlich schon, aber da wäre es mir gar nie in den Sinn gekommen, alles genau wissen zu wollen.

Nach dem Tod meines Vaters hatte ich keine Vertrauensperson im eigentlichen Sinn mehr. Eine, die ich hatte, starb. Auch mein Götti war es nicht. All diese Leute sind erst aufgetaucht, als die Probleme da waren. Sie waren mir alle fremd. Dazu kam noch mein Vormund, eine ältere Dame. Als ich aus dem Heim kam, wurde sie pensioniert.

An die einzelnen Pflegefamilien kann ich mich nicht erinnern. Nur von der letzten Familie ist noch einiges da. Dort hatte ich zuerst ab und zu meine Ferien verbracht. Plötzlich blieb ich für immer dort. So ging das damals. Das war eine schwierige Zeit. Die Familie hatte selber zwei Kinder, die schon älter waren. Also schon aus der Schule, in der Lehre oder fertig damit. Das waren Paradekinder. Hochintelligent. Super Abschlüsse. Und dann kam ich ... Das hat nicht gepasst. Sie hatten Ansprüche an mich, denen ich nicht gerecht werden konnte. Die Schule hat mich damals nicht besonders interessiert. Ich ging eher ins Wilde. Es gab schon aggressive Sachen. Dann bin ich abgehauen und nur unter der Bedingung wieder aufgetaucht, dass ich von dort wegkomme. Ich wollte in ein Heim.

Für den Wunsch, in ein Heim zu kommen, braucht es eigentlich nicht so viel. Es reicht, kein richtiges Zuhause zu haben. Meine damalige Pflegefamilie wäre das nie und nimmer geworden. Ich habe dann mit meinem Vormund ein Kinderheim in Niederwangen besucht und wusste, das ist es. Ich hatte dort einen riesigen Sportplatz vor der Nase, einen Fussballplatz. Ich sah all die Kinder, den dazugehörigen Bauernhof mit Pferden und Kühen.

Zur Pflegefamilie hatte ich weiterhin Kontakt an den Wochenenden oder in den Ferien – auf Wunsch der Vormundschaft. Aber es war immer schwierig. Der Kontakt zu meiner Mutter wurde möglichst gering gehalten. Sie hatte ihr Leben nicht im Griff. Entsprechend schwierig war der Umgang mit ihr. Ich habe auch heute nicht das Gefühl, dass ich sie wirklich kenne, auch wenn ich ihr äusserlich gleiche.

ROGER HEINZMANN

Meine Mutter lebt noch, aber Kontakt habe ich keinen – keinen mehr.

Sie rief öfters bei uns an und erzählte meiner Frau wirre Geschichten. Aus diesem Grund haben wir den Kontakt abgebrochen. Sie kennt nicht alle unsere Kinder.

Wenn sie das möchte, darf sie sich schon bei mir melden, aber ich melde mich nicht.

In der Grube, so hiess das Heim, kam ich in die zweite Klasse. Wir waren dort 42 Kinder quer durch alle Altersklassen. Die Jüngsten wohnten zusammen in einem Zweier- oder Dreierzimmer. Später bekam ich mein eigenes. Ich war immer dort, wo es gräblet hat. Probleme zogen mich an. Wenn es irgendwo Puff gab, war ich dabei. Mein Verhalten hat sich erst im Lauf der Schulzeit verändert. Dafür braucht es die richtigen Leute am richtigen Ort. Bezugspersonen. Wirkliche Bezugspersonen, meine ich. Nach ein paar Jahren kam ein Erzieher, der mit mir umgehen konnte. Das war so in der 5. oder 6. Klasse. Wir haben immer noch Kontakt.

Die Schule war intern. Wir hatten damals einen Oberschullehrer, der öffentlich sehr kritisiert wurde, weil er autoritär war. Komischerweise konnte ich es gut mit ihm. Ich war glaub einer der wenigen, der nie einen Chlapf von ihm erwischt hat. Für mich war er sehr wichtig auf meinem Weg. Die wichtigste Person war aber schon der besagte Erzieher.

Viele Kinder blieben die ganze Schulzeit in der Grube. Jeder pflegte so seine Gruppe und hatte seine Freundschaften. Das mit Sicherheit. Aber warum wir dort waren, das interessierte niemanden, darüber redeten wir nicht. Jeder kannte seine eigene Geschichte und seine Gründe. Da konnte man sich gut ausmalen, dass es bei den anderen nicht viel anders aussah. Vielmehr schauten wir voraus. Wir redeten vor allem darüber, was wir dann mal machen. Alle wollten es anders machen als ihre Eltern.

Nach der Heimzeit gab es eine Zeit lang jährlich ein Treffen. Da hat man sich immer wieder gesehen. In der Regel haben wir uns nicht mehr sofort verstanden. Es hatten sich viele andere Welten geöffnet. Mit manchen konnte ich mich plötzlich gut unterhalten, andere wurden ein bisschen belächelt, weil wir merkten, dass bei denen inzwischen wieder viel schief gelaufen war. Ich glaube kaum, dass es möglich ist, innige Beziehungen weiterzuführen. Das Leben geht nach dem Heimaustritt ja weiter. Von da an nimmt jeder sein Leben in die eigene Hand. Für das andere interessiert man sich nicht mehr so.

Das Heim war religiös. Ob reformiert oder katholisch, weiss ich gar nicht mehr … Ohne Kreuz. Wir beteten immer vor den Mahlzeiten. Das wurde schon gepflegt. Der Mahnfinger Gottes war schon präsent. Aber mich hat das nie beeindruckt. Ich musste es ja so oder so selber ausbaden, wenn der Drohfinger nicht gereicht hat. Und das kam häufig vor. Wir wurden nicht unbedingt ins Zimmer gesperrt, aber es gab Schläge, wir mussten eine Woche lang auf die Pause verzichten oder im Herbst das Laub in der ganzen Umgebung rechen. Ich lasse mich nicht biegen. Das ist nie jemandem gelungen und wird auch nie jemandem gelingen. Das hat sicher zum Teil dort angefangen, mit der Art, wie man sich dort wehren konnte. Schläge haben mir nichts ausgemacht. Eine Zeit lang habe ich zurückgeschlagen. Ich habe mir Respekt geholt, und es hat aufgehört. Ich wurde nur noch selten angefasst. Das war sicher speziell, und ich kann mir vorstellen, dass mein Erzieher da im Hintergrund das Nötigste geleistet hat.

Andere im Heim haben bestimmt mehr gelitten als ich. Ich schaue es aber im Grossen und Ganzen an. Für viele war es eine gute Chance. Das Heim setzte sich zum Ziel, dass niemand ohne Lehrstelle austrat. Und so war es auch. Die Frage ist natürlich immer, für wie lange. Es gab schon «schwere Jungs», die nach der Heimzeit direkt in die Kiste kamen und immer noch dort sind. Viele Jungs erlebten massive Abstürze, einige sind auch früh verstorben an Drogen. Wenn man davon hörte, war das schon ein harter Schlag, und jeder machte sich da wohl seine Gedanken und dachte an die Zeit, die wir zusammen erlebt hatten.

Mit sechzehn kam ich raus und wohnte in einem Lehrlingsheim in Bern. Wobei Lehrlingsheim der falsche Ausdruck ist. Ich hatte dort ein Zimmer, und es wurde für uns gekocht. Man konnte sich an den Tisch setzen oder nicht.

Nicht mehr im Heim zu sein, war schön. Der Moment, wo ich mit Volldampf für mich Verantwortung übernehmen konnte, wo ich hingehen konnte, wohin ich wollte. Machen können, was man will. Zuerst mal die Lehre als Maler und das Leben im Lehrlingsheim. Und ich war natürlich ein bisschen auf der Piste, holte Sachen nach. Damals fing das so an mit den Stereoanlagen, wer die grösste hatte. Kopfhörer gab es zwar damals schon … Neben uns lag ein Altersheim.

In der ersten Zeit habe ich ein paar Mal in der Grube vorbeigeschaut. Und als ich einen Töff hatte, habe ich von der Nähe aus zugeschaut, wie es so läuft. Irgendwann kannte ich niemanden mehr. Der Lebensabschnitt war fertig. Es war vorbei. Kein Zuhause mehr.

An den Wochenenden blieb ich meistens im Lehrlingsheim. Wenn es mir recht ist, bin ich einmal im Monat irgendwohin, zu meiner Mutter oder zu meinem Gotti. Oder zum Sohn der letzten Pflegefamilie. Ich wollte damals gerne mit ihm über früher reden. Aber er stand mitten im Leben drin und hat sich dann auch von mir zurückgezogen. An Weihnachten ging ich kurz zu meiner Mutter, sonst war ich für mich. Zum Teil fühlte ich mich schon einsam. Für mich waren immer die Tage unter der Woche interessant. Als das Hobby mit dem Töff kam, hatte ich auch an den Wochenenden immer da und dort was zum Rumschrauben oder machte Ausfahrten. Ich hatte keine grossen Probleme, allein zu sein, weil ich das ja kannte. Wobei, dass zwischendrin so eine gewisse Einsamkeit aufkommt, ist schon klar.

Das ist heute noch so. Enge Freundschaften habe ich nicht. Ich habe zwar einen Kollegenkreis im Fussball. Dort bin ich sehr verwurzelt, bin auch im Vorstand. Aber richtige Freundschaften? Nein. Ich verlasse mich nicht gerne auf andere. Ich denke, das hat mit meiner Geschichte zu tun.

Ich litt schwer, eigentlich während meiner gesamten Kindheit, als ich teilweise an den Wochenenden zu Hause war, die wirklich nicht lustig waren. Es gab schon massive Geschichten, wenn es meiner Mutter schlecht ging. In der ersten Zeit war ich in erster Linie enttäuscht, weil sie mir so viel versprochen hatte, was sie absolut nicht einhielt. Sie versuchte alles mit Geschenken zu lösen, aber direkt darüber geredet haben wir nie. Dann kam die Phase voller Wut, in der ich auch den Kontakt zu ihr abgebrochen habe. Jetzt langt es, das brauche ich nicht mehr. Inzwischen hat sich das in ein gewisses Mitleid gewandelt.

Das Heim war natürlich auch für mich nicht immer Jubel, Trubel, Heiterkeit. Es gab schlechte Zeiten, sehr schlechte Zeiten. Ich war nicht immer so ein Angenehmer. Mir fehlte auch die Geborgenheit. Aber interessanterweise war mir schon immer bewusst, dass es für mich das Richtige war. Eine Chance. Das Heim hat auch meine Probleme mit der Behörde gelöst. Für mich war einfach wichtig, dass ich wusste, wohin ich gehörte. Und natürlich wartete ich wie alle anderen auf den Moment, als wir rauskamen. Aber ich bin einer der wenigen, die nicht mit einem Groll verschwunden sind.

Das hat mich in meiner Arbeit im Gefängnis oft gestört: wenn Sozialpädagogen oder zum Teil Richter bei den Verurteilungen auf dem jungen Alter des Gefangenen herumgeritten sind. Dabei hat das nichts miteinander zu tun. Es mag sein, dass die Jugend einen Einfluss hat. Aber das heisst ja nicht, dass man sich von diesen Einflüssen leiten lassen soll. Für seine Taten muss jeder selber die Verantwortung übernehmen.

Warum ich nach meiner Malerlehre zur Polizei wollte, weiss ich gar nicht mehr genau. Ich weiss nur, dass ich meiner Pflegefamilie mal erzählt hatte, dass ich zur Polizei wollte. Da haben sie mich ausgelacht. Kann sein, dass das ein bisschen mitgespielt hat. Prinzipiell hat es mich aber wegen der Aufgabe gereizt, der direkte Umgang mit den Leuten, das Riesenspektrum an Aufgaben.

Als ich im Regionalgefängnis arbeitete, kannte ich schon viele. Aber als Seitenwechsel sehe ich es trotzdem nicht zwingend. Ich würde mich hüten zu sagen: «Alle, die im Heim waren, sind dann bei mir gelandet.» Da sassen auch ein Nachbar oder bekannte Gesichter aus der Region. Heute bin ich Sicherheitsmitarbeiter beim VBS* in Thun. Alarmzentrale. Zum einen kommen bei uns die Alarme – auch Fehlermeldungen – sämtlicher militärischer Gebäude aus der Schweiz rein. Zum andern sind wir für die Betriebsfeuerwehr auf dem Waffenplatz Thun zuständig.

Bei der Arbeitsstelle rede ich heute über meine Kindheit. Früher nicht. Es war ein Prozess. Es gab eine Zeit, in der ich mich schämte oder

*Eidgenössisches Departement für Verteidigung, Bevölkerungsschutz und Sport

ROGER HEINZMANN

das Gefühl hatte, ich gäbe zu viel von mir preis. Da bringt man den Leuten ja gerade rüber, dass man in der Kindheit Probleme hatte. Diese Angriffsfläche wollte ich nicht bieten. Mittlerweile hat sich das geändert. Heute erzähle ich meine Geschichte sogar mit einem gewissen Stolz. Stolz auf mich, meinen Werdegang, auf das Erreichte und Erlebte.

Eigentlich dachten meine Frau und ich, dass wir nie Kinder haben würden. Das Einzige, was ich immer wusste: Falls ich Kinder habe, dann haben sie ein richtiges Nest, dann bin ich da. Aber ob zwei oder vier? Ich hatte nie den Traum einer grossen Familie. Das hat sich einfach so ergeben. Heute geniesse ich es sehr. Es läuft viel mit vier Kindern, wir sind sehr beschäftigt. Wie sehr unseren Kindern meine Kindheit präsent ist, kann ich nicht beurteilen. Manchmal kommen wir an der Hauptstrasse in Niederwangen vorbei, wo der Weg hinauf zum Heim führt. Dann erkläre ich, dass ich dort aufgewachsen bin. Ich glaube nicht, dass sie sich viel darunter vorstellen können.

Ich hoffe, dass es meine Kinder schön haben im Vergleich. Aber was sollen sie mit dieser Aussage anfangen? Vielleicht sage ich es mehr zu mir selber. Was ich erlebt habe, das wünsche ich niemandem. So schön war es nun auch wieder nicht. Für mich war das Heim einfach die richtige Lebensschule zum richtigen Zeitpunkt. Gefehlt hat mir mit Sicherheit der Vater. Immer. Den eigenen Vater vermisst man ein Leben lang.

RITA STREICHER

geboren 1964 in Langenthal (BE)

zwanzig Jahre in sechs verschiedenen Heimen
in den Kantonen Zürich und Basel

ein Bruder

keine Ausbildung, heute soziale Wohnbegleiterin

keine Kinder

«DER GEDANKE AN DIE HEIMZEIT LÖST KEINE EMOTIONEN MEHR IN MIR AUS.»

Ich wurde zwei Monate zu früh geboren. Im IV-Bericht habe ich mal gelesen, dass erst im dritten Jahr klar wurde, dass ich einen zerebralen Schaden habe. Wegen zu wenig Sauerstoff bei der Geburt. Das ist auch spirituell interessant. Ich gehe seit acht Jahren zu einer Frau zum Meditieren und habe mit ihr eine Geistesschulung gemacht. Es bringt mir sehr, sehr, sehr viel zu sehen, dass mein Körper ein Problem hat und nicht mein Geist. Mein Geist bekommt genau gleich viel mit wie die anderen, die dort mitmachen. Lehrer, Therapeuten und Leute aus ganz verschiedenen Berufen. Im Leben allgemein steht mir mein Körper im Weg.

Ich habe viele Jahre bei Volg gearbeitet, so fünfzehn bis zwanzig Stunden die Woche. Das ist wohl etwas weniger als fünfzig Prozent. Zudem bekomme ich IV und Ergänzungsleistungen. Was ich im Volg verdiente, wurde von den Ergänzungsleistungen abgezogen. Inzwischen habe ich im Volg aufgehört. Ich konnte und wollte meine feinmotorischen Schwierigkeiten nicht mehr ertragen. Ich durfte Gestelle mit Flaschen und Büchsen einfüllen. Das hat mir grossen Spass gemacht, weil ich viel Kraft brauchte. Aber es sind mir immer wieder Dinge runtergefallen, Büchsen bekamen Beulen, Gläser zerbrachen.

Ich arbeitete auch mal in der Michaelschule in Winterthur. Dort half ich Kindern beim Lesen und Schreiben oder beim Kreuzworträtsellösen. Ich mache gerne etwas mit Kindern oder Behinderten.

RITA STREICHER

Aber die Michaelschule ist anthroposophisch, und das hat mir gar nicht zugesagt.

Ich würde auch gerne muskelkranke Menschen oder Menschen im Rollstuhl begleiten, aber auf keinen Fall «betreuen». Sie müssten so weit sein, das sie wissen, was sie brauchen, was ich ihnen bringen soll. Ich bin selber «betreut» worden. Für mich heisst das, man nimmt einem Menschen die eigene Meinung und behandelt ihn als minderwertig. Ich finde, es steht einem Menschen nicht zu, jemanden so zu behandeln. Das möchte ich auf gar keinen Fall jemals unterstützen. Etwas heftig gesagt: Da möchte ich lieber nicht mehr leben.

Vor zwölf Jahren war ich bei der IV-Berufsberatung. Die haben mir in all den Unterlagen gezeigt, was ich nicht machen kann. Ich würde zum Beispiel gerne eine Ausbildung in der Spitex machen, für Pflege oder Freizeitbegleitung. Aber die meinen, das sei zu schwer für mich. Zu viele Anforderungen. Jetzt putze ich Wohnungen für ältere und jüngere Menschen. So unterstütze ich auch Menschen, und das ist mir wichtig. «Soziale Wohnbegleitung» nennt sich das.

Mit zwanzig habe ich einen Vormund bekommen. Aber ich wollte selbstständig sein und mehr Verantwortung übernehmen. Später habe ich mich darum bemüht, einen Beistand zu bekommen. Auch sie haben mir meine Verantwortungen weggenommen. Es sei einfacher, wenn sie das machen würden. Ich denke, dass sich meine Eltern dafür eingesetzt haben, dass mein Beistand die Verantwortung übernimmt. Das ist so mein Gefühl. Meine Eltern waren und sind immer noch der Meinung, dass ich vieles nicht schaffe.

Ich sehe meine Eltern etwa fünfmal im Jahr. Sie wohnen seit über zehn Jahren in einem anderen Kanton. Sie hätten schon gern, wenn ich Weihnachten zu ihnen käme. Aber es ist schwierig. Ich habe nicht so Lust dazu. Ich wohne jetzt bald vierzehn Jahre allein. Bisher waren sie einmal bei mir.

Manchmal begleite ich auch eine ältere Frau, die ich auf der Strasse kennengelernt habe. Wir gehen zu ihr nach Hause, in den McDonald's oder machen einen Spaziergang. Einer Freundin helfe ich manchmal beim Kochen. Sie ist Köchin. Und dann kenne ich noch einen Velomechaniker. Der hat Hühner und bekommt immer wieder mal Holz. Da braucht er jemanden zum Stapeln von Holzbeigen oder zum Ausmisten des Hühnerstalls. Ja, ich mache viel. Ich gehe auch Ski fahren. Mein Körper steht mir hier zwar im Weg, ich falle häufiger um als andere. Aber ich habe jeweils feste Knieschienen an. Das hilft. Und Velo fahren tue ich auch. Im Frühling, Sommer und Herbst. Aber nicht nur zum Spass. Ich habe gemerkt, dass ich mit dem Velo etwas schneller bin. Zu Fuss gehen macht mir grosse Schwierigkeiten, und ich bin langsam. Da tut es gut, zwischendurch ein bisschen schneller zu sein. Von den Ärzten aus gesehen, hätte ich gar nie laufen können. Aber meine Mutter hat sich dafür eingesetzt, dass ich früh Physio bekam.

Ich habe in sechs Heimen gelebt. Der Gedanke an diese Heimzeit löst keine Emotionen mehr in mir aus. Aber es war lange schwierig. Ich hatte es recht schlecht und brauchte eine lange Verarbeitungszeit, vor allem um Schuldgefühle abzubauen. Ich war immer mit Schuldgefühlen konfrontiert. Überall war ich schuld. Immer und immer wieder. Ich bin auch bei einer Frau aufgewachsen, die heftigste Schuldgefühle hat. Meine Mutter ist streng katholisch erzogen worden. Da durfte man keinen Sex machen vor der Ehe. Und dann kam ich. Eine Schande. Meine Grossmutter war fest überzeugt, dass ich die Strafe Gottes sei. Das sagte sie auch. Meine Mutter meint schon, diese Zeiten seien vorbei. Aber wenn man mit ihr spricht … Meine Eltern sagen immer, sie hätten versucht, das Beste zu machen. Das sehe ich schon. Sie konnten nicht mehr machen. Ich habe sie überrumpelt, indem ich auf die Welt kommen wollte. Schuld in dem Sinn gibt es ja nicht.

Mein Bruder kam ein knappes Jahr später zur Welt. Er hat heute selber Familie und Kinder. Manchmal kommt er zu Besuch, oder ich gehe zu ihm nach Hause.

Meine Eltern erzählten mir, als es um Schule und Lehrerschaft ging, hätten sie mich in ein Heim bringen müssen. Ich bin nicht sicher, was da stimmt. Im IV-Bericht steht, sie seien mit meiner Erziehung überfordert gewesen, weil ich so schwierig war. Ich weiss, dass meine Eltern vorher extra umgezogen waren, damit ich es ganz nahe zur Schule hatte. Hinter der Treppe ins Schulhaus war ein Hohlraum, der mir Angst machte, sodass ich da nicht mehr rauf- und runtergehen wollte. Also bin ich woanders reingegangen, durch die Haushaltungsschule.

Und dort habe ich dann immer Blödsinn gemacht, statt in die Schule zu gehen.

Im IV-Bericht steht auch, dass ich bis sechs ein ganz ängstliches Gesicht hatte. Ich weiss noch, dass ich während der ganzen Kindheit viel Angst hatte. Ich habe immer wieder Sachen gesehen. Diese Sachen nehme ich heute noch wahr: betrübende Emotionen. Seit ich in der Geistesschulung war, sind sie nicht mehr betrübend.

Als ich vier Jahre alt war, fiel ich bei meinen Eltern, als sie Papier verbrannten, ins Feuer. Mein Vater zog mich sofort wieder heraus, und ich war ganz erstaunt, dass ich nicht mehr drin war. Ich hatte keine Schmerzen. Das Schmerzempfinden habe ich erst entwickelt, als ich etwa dreizehn Jahre alt war.

Schwer zu erziehen war ich immer. Als Zehnjährige wurde ich dann als schwachsinnig eingestuft. Das wurde im IV-Bericht zwar umschrieben. Als ich diese Umschreibung ins Internet eingab, kam der Begriff «Schwachsinn» heraus.

Wenn ich so ein Kind hätte, würde ich ihm möglichst viel Selbstverantwortung beibringen. Dem Kind mehr die Überzeugung geben, dass es das selber kann, und nicht: Ich sehe, dass du das nicht kannst, darum mache ich das für dich.

Ich bin viel bestraft worden, sodass ich gar keinen Mut mehr hatte, aus mir rauszukommen. So wie ein Duvet, das sich nicht ausbreiten kann, weil es sonst so viel Platz einnimmt. Das meine ich mit Selbstverantwortung. Nicht irgendwo reindrücken, sondern ausdehnen lassen.

Ich war schwer zu händlen. Ich weiss, dass ich bei den Betreuern ganz viel ausgelöst habe, Sachen, die sie selber bei sich nicht verarbeitet haben. Darum gingen sie so mit mir um. Sie banden mich im Bett an, oder ich musste hartes Brot essen, wenn ich welches gestohlen hatte, oder mir wurde das Frühstück auf der Toilette serviert, wenn ich böse gewesen war. Ich war schon schwierig, das ist schon so. Aber nie würde ich mit einem Kind so umgehen. Ich würde eher mal sagen: Du hast also ein Brot genommen – jetzt backen wir zusammen eins. Du kannst jetzt sehen, wie ein Brot gemacht wird.

In zwei Heimen, wo ich versuchsweise war, sagte man mir, ich solle da oder dort nicht hinaufsteigen, weil ich runterfallen könnte. Ich bin natürlich trotzdem hoch – und runtergefallen und hatte ein Loch im Kopf. Ich habe es ja nicht verstanden, weil ich noch ein Kind war und wegen der zerebralen Schädigung.

Es war schwierig, das passende Heim zu finden. In den einen war mein IQ zu hoch und in den anderen zu tief. Als ich in die Wohnschule ging, war ich schon 21 Jahre alt. Da habe ich zum ersten Mal vieles allein gemacht. Zum Beispiel Buchhaltung führen. Das heisst, ich bekam für uns drei Bewohner Geld für eine Woche, und das musste reichen für das Essen und den Haushalt. Ich hatte das vorher noch nie gemacht, und trotzdem stimmte es Ende der Woche.

Ich habe zu niemandem aus der Kinderheimzeit Kontakt. Ich kann mich auch nicht an andere Kinder erinnern. Das liegt wohl an meinem Gedächtnis. An den Blödsinn, den ich gemacht habe, kann ich mich gut erinnern. Aber ob sich jemand für mich eingesetzt hat oder ob ich Gutes getan habe, weiss ich nicht.

Eine gute Sache war im Bergschulheim Wengen, wo ich die Haushaltungsschule gemacht habe. Da war ich schon neunzehn Jahre alt, und eine Betreuerin hat mich vom Bett losgebunden. Vorher bin ich ja noch fast jede Nacht im Bett angebunden worden. Ich würde diese Frau gerne wieder finden, um ihr zu sagen, was sie Gutes für mich getan hat und wie wichtig das war für mich.

Viele Jahre später, als ich in Hinwil wohnte, wurde bei mir eingebrochen. Daraufhin gab mir ein Polizist zwei Nummern von einem Psychologen und einer Psychologin. Ich dachte, wenn ich schon zwei Adressen habe, dann kann ich das gerade nutzen, um meine Geschichte aufzuarbeiten. Vierzehn Jahre habe ich daran gearbeitet. Es war wirklich schade um das viele Geld, es hat mir nicht viel gebracht.

Ich würde wahnsinnig gerne über meine Zeit im Heim ein Buch schreiben. Ich denke, es wäre für viele Behinderte, Betreuer und Heimleiter hilfreich. Ein Heim würde vielleicht anders geleitet werden. Ein paar Seiten habe ich schon geschrieben. Damals noch von Hand. Ich würde gerne an meinem Manuskript weiterschreiben, am Computer. Aber im Moment komme ich nicht dazu. Ich mache viele Dinge am Computer: E-Mail, Facebook und so. Den Computerkurs habe ich vor ein paar Jahren aus Sturheit gemacht. Mein Vater meinte nur: Warum brauchst du einen Computerkurs? Das verstehst du eh nicht. Da wollte ichs ihm zeigen – und habe es geschafft.

Ich bedaure jedes Kind, das in ein Kinderheim muss. Es bekommt keine Familiengefühle, keine Privatsphäre und schon gar nicht einen Freiheitssinn. Ich finde auch, einem Kind sollte man nicht Schuldgefühle anerziehen, wenn es etwas falsch gemacht hat. Sonst bringt es die Schuld nicht mehr raus. Das ist dann wie Kaugummi, ein eingewachsener Kaugummi.

RITA STREICHER

URS KELLER

geboren 1977 in Zürich

fünf Jahre in drei verschiedenen Kinderheimen
und zwei Jugendheimen in den Kantonen Zürich,
Aargau und Thurgau

eine Halbschwester (gleicher Vater) und ein Halbbruder
(gleiche Mutter)

kaufmännische Lehre, Aikido- und Tangolehrer,
Student an der Pädagogischen Hochschule Bern
und Oberstufenlehrer

eine Tochter (Jg. 2006)

«UND PLÖTZLICH HATTE ICH MACHT.»

Alles in allem ist mein Leben gar nicht so schlecht gelaufen. Ich war wie eine Katze, die trotz grosser Heftigkeiten immer wieder auf die Beine kam.

Die Zeit im Heim war nicht angenehm. Zum Teil war es schwierig mit den Kindern, zum Teil mit den Sozialpädagogen. Ich fühlte mich weder von meiner Umwelt noch von meinen Eltern geliebt. Von den Eltern gar verlassen. Am Wochenende war ich jeweils bei meiner Mutter oder meinem Vater. Meine Eltern liessen sich scheiden, als ich zwei war. Meine Mutter flüchtete mit mir ins Frauenhaus. Sie war 1979 eine der ersten Frauen, die diesen Schritt tun konnten. Es war nicht einfach damals. Letztlich haben aber alle diese Umstände dazu geführt, dass ich Aikidolehrer geworden bin.

Jedes Kind hat seine Eltern automatisch gern. Aber ich glaube, ich konnte nie wirklich Respekt vor ihnen haben. Als Kind musste ich schmerzlich miterleben, dass sie in ihrem Leben überfordert waren.

Das Kinderheim wurde so etwas Ähnliches wie mein Zuhause. Gezwungenermassen. Ich wäre lieber in einer intakten Familie aufgewachsen. Es gab schöne Momente im Kinderheim, aber ich war traurig, dass ich nicht bei meinen Eltern leben konnte. Aber auch traurig, weil ich sah, dass es im Kinderheim fast besser war als bei meinen Eltern.

Ich fand das Leben ziemlich banal und fad. Ich wollte wissen und lernen, aber ich bekam auch im Heim nicht wirklich die geistige

Nahrung, nach der ich mich sehnte. Aus heutiger Sicht hätte ich damals einen Mentor, so etwas wie einen Aikido- oder Tangolehrer, gebraucht. Mit einem Sozialarbeiterpaar vom ersten Heim, Brüschhalde, habe ich kürzlich Znacht gegessen. Zu ihnen hatte ich eine gute Beziehung. Wir fanden uns nach Jahren wieder. Was mich sehr freute, zumal sie mir Fotos von mir aus der damaligen Zeit gaben.

Nach dem ersten Kinderheim kehrte ich wieder für eine kurze Zeit zu meiner Mutter zurück. Nachher kam ich zur Abklärung in den Florhof. Ich war sicher ein sehr waches und interessiertes Kind. POS wurde das damals genannt. Das war recht schizophren, wenn ich mir das heute überlege: Warum haben sie mich abgeklärt? Warum habe ich Ritalin bekommen? Es wäre effektiver gewesen, die Alkohol- und Gewaltthematik in meiner Familie anzuschauen. Ich habe mich dafür entschieden, dieses Erbe nicht weiterzuführen.

Ich war im dritten Kinderheim, der Therapiestation in Ennetbaden, als mich mein Vater zu sich nach Zürich holte. Ich war zehn und «einverstanden». Aber eigentlich war es eine Katastrophe, und meine Mutter hatte nicht die nötige Power, dem etwas entgegenzusetzen.

In den fünf Jahren, die ich bei meinem Vater verbrachte, wuchsen meine Selbstzweifel, und gleichzeitig legten sie auch den Baustein für meinen weiteren Lebensweg. Meinen Vater, den ich eigentlich gerne hatte, konnte ich nicht ernst nehmen. Er war in meinen Augen eine bedauernswerte und gleichzeitig unberechenbare Figur. Ich lernte damals die Angst vor der Gewalt kennen und verstand plötzlich, was «kompensieren» bedeutet. In einem gewissen Sinn hat sich mein Vater auch für mich aufgeopfert. Teure Ferien nach meinen Wünschen waren möglich. Materiell war ich gut bedient.

Er legte mir eine Waffensammlung an. Das entsprach seinem Männerbild. Natürlich fand ich das anziehend. Ich war ein Kind, sah mir mit ihm alle Vietnamkriegsfilme und Mafiafilme an. Es machte mir Spass, draussen in der Allmend auf der Wiese rumzuballern. Cowboy-Gangster spielen, cool, mit echten Waffen! Zu Hause machte ich mit Luftgewehren und Luftpistolen Schiessübungen. Ich war sogar kurze Zeit im Verein. Alles in allem war das wie eine militärische Ausbildung. Das tröstete mich aber nicht. Als ich fünfzehn war, eskalierte die Situation zu Hause mit meinem Vater. Kurz: Unsere Beziehung war gewaltgeprägt.

Ich habe mich damals gefragt, ob das «Verhalten» meines Vaters ein versteckter Hilferuf an mich war, eine der Waffen gegen ihn einzusetzen und ihn so von seinem Elend zu erlösen. Als ich dies so vor meinem inneren Auge sah, verliess ich diese Situation und ging zu meiner Mutter.

Meine eigene Kriminalität begann in der Sekundarschule, als ich anfing, Hasch zu rauchen. Ich spielte Eishockey beim ZSC und war richtig stolz, als ich Kapitän unserer Mannschaft wurde. Aber als ich im Club Hasch und später in anderen Kreisen Kokain verkaufte, da kam mehr dazu. Plötzlich hatte ich Macht. So musste ich meine Trauer weniger spüren.

Ich flog von der Sekundarschule, musste im Gfellergut meinen Realabschluss machen, wohnte aber weiterhin bei meiner Mutter. In der Schule des Gfellergut lernte ich krasse Jungs kennen. Mit ihnen ging ich am Bahnhof Schwule ausnehmen. Wir stellten uns wie Anschaffer hin, zogen mit einem mit, schlugen ihn brutal zusammen und nahmen sein Geld. In diesem Moment tat es gut, Aggressionen loszuwerden – schlagen statt geschlagen werden. Durch diese Jungs lernte ich andere Jungs kennen und landete schliesslich in hochkriminellen Kreisen.

Unter dem Einfluss von diesem Milieu konnte es für mich bei meiner Mutter nicht klappen. Mit ihrem Partner, eigentlich eine harmlose und nette Person, hatte ich oft Stress. Er war einiges grösser und kräftiger als ich. Aber irgendwann schaffte ich es, ihn bei einem Streit an der Gurgel zu packen und an die Wand zu drücken. Einfach ein Energieschub. Da musste ich gehen.

Meine Mutter mietete für mich eine Wohnung in Zürich. Plötzlich war niemand mehr da, und ich war allein in dieser Wohnung. Ich war gerade sechzehn und wurde massiv kriminell. Meine Lehre in einem türkischen Reisebüro brach ich ab. Warum sollte ich arbeiten, wenn ich an einem Abend mit meinen Kollegen mehr verdiente als in einem ganzen Monat? Das war damals mein Credo. Jetzt «spielte» ich so richtig den Mafioso.

Es war eine faszinierende Zeit, die mir viele Einblicke in sehr spezielle Bereiche gab und – dort – Selbstwirksamkeit verlieh. Aber ich fühlte mich trotz allem äusseren Glanz dieses gefährlichen Milieus nicht wohl in meiner Haut. Ich betäubte mich zusehend immer mehr, aber morgens, wenn ich ins Bett ging, konnte ich mich nicht mehr vor meiner Trauer, meinen wahren Gefühlen und Wünschen verstecken.

Ich hatte Glück im Unglück: Kurz vor meinem achtzehnten Geburtstag, den ich in Untersuchungshaft verbrachte, erfuhr ich, dass ich wegen Drogenhandel, Diebstahl, Erpressung und Körperverletzung ausgeschrieben war. Entsprechend tief war ich in die Kriminalität eingetaucht. Bei den gleichen Delikten im Erwachsenenstrafrecht hätte es eine Strafe von mindestens zehn Jahren gegeben. Und persönlich war es schon traurig, auch rückblickend betrachtet.

Ich kannte durch eine frühere Verhaftung einen netten Polizisten. Den rief ich an und stellte mich. Nach zwei Wochen Untersuchungshaft in der Kaserne wurde ich für weitere Abklärungen im Platanenhof platziert und konnte schliesslich zwischen zwei Optionen wählen: a) Arbeitserziehungsanstalt Kalchrain oder b) Therapie in Kanada. Einerseits wollte ich mir ein Drogenproblem nicht eingestehen, andererseits dachte ich, dass ich, wenn ich Kalchrain wählen würde, weiterhin im Geschäft bleiben könnte.

Der Anfang im Kalchrain war knallhart. Akzeptanz war hier nicht selbstverständlich. Also musste ich mir schnell einen Leibwächter, den Stärksten innerhalb vom Kalchrain, organisieren. Das hatte, abgesehen von unserer Freundschaft, auch seinen Preis. Wir machten weiterhin Business innerhalb und ausserhalb der Anstaltsmauern. Eine Sozialarbeiterin war schliesslich meine Topquelle: Sie wurde meine Freundin, und ich liess mich von ihr aushalten. Sie brachte mir Drogen, Alkohol und Geld. Auf eine Art und Weise hatte sich an meiner Lebensart nicht viel geändert, einzig dass jetzt alles hinter Mauern stattfand.

Ein gutes Jahr zog ich den Mafiastil durch. Dann hatte ich eine Vision: Ich sah mich an einem Pokertisch in einem Keller an der Zürcher Langstrasse sitzen, als jemand kam und mir in den Hinterkopf schoss. Da wusste ich plötzlich, dass genau das passieren könnte, wenn ich auf diesem Gleis weitermachte. Ich suchte das Gespräch mit meiner

Bezugsperson, erklärte ihm auch, dass ich nicht beabsichtigte, eine interne Lehre als Bauer oder so zu machen, sondern das KV, und ich verlangte ein Gespräch mit der Jugendanwaltschaft. Vor dem Standortgespräch hörte ich in meinem Zimmer Iron Maiden und ging wirklich voll Power dorthin und sagte: Das will ich. Was muss ich dafür tun? Ein Jahr später war ich mit einer KV-Lehrstelle in der Tasche draussen.

Nach meiner Entlassung im Dezember 1997 verbrachte ich zuerst Ferien auf Lanzarote. Nach zwei Jahren im Kloster einfach am Strand sein, das Meer riechen und den Wellen zuschauen, das war fantastisch. Ein neuer Lebensabschnitt hatte begonnen.

Im Januar 1998 kam ich nach Biel. Dort habe ich dann gleich mit Aikido begonnen. Schon nach sechs Monaten konnte ich in einem Dojo Stellvertretungen machen. Ich hatte einen leichten Zugang zum Aikido. Wie auch zum Tango Argentino, mit dem ich einige Jahre später begonnen habe. Es liegt mir einfach.

2005 habe ich mein eigenes Aikido-Dojo gegründet. Ich biete seither auch ausserhalb verschiedene Kurse für de-eskalatives Aikido und Vorträge dazu an. Für Kinder, Jugendliche und auch für Erwachsene. Es ist mir sehr wichtig, meine Erfahrungen im Umgang mit Gewalt und Lebensperspektiven weitergeben zu können. Es freut mich persönlich auch sehr, dass ich im Laufe der Jahre sowohl im Gfellergut wie auch im Kalchrain tätig sein konnte. Heute führe ich, nebst meinem Teilpensum als Lehrer an der Oberstufe, mit ganzem Herzen eine Aikidoschule.

In meiner ersten Zeit in Biel hatte ich eine Freundin. Das hat mir sehr geholfen, um stabil zu bleiben. Ich war in ihrem Freundeskreis integriert und zog meine Lehre durch. Ich hatte genug Geld, da ich während der Lehre finanziell unterstützt wurde. Ziel der jugendstrafrechtlichen Massnahme war ja die «Wiedereingliederung des Täters in die Gesellschaft». Später holte ich die Matura nach und studierte zuerst an der Uni und später an der Pädagogischen Hochschule in Bern. Und ziemlich am Anfang meiner Lehrerausbildung konnte ich schon im Teilpensum meinen Lebensunterhalt verdienen. Dann bin ich Papa geworden und habe mein Studium unterbrochen.

Unser Familienleben funktionierte ein Jahr lang gut. Eine Zeit lang nach der Trennung von der Mutter meiner Tochter sah alles noch sehr offen aus. Dann zog sie mit einem Mann zusammen, und ich wusste, dass die Liebesbeziehung zwischen uns wirklich vorbei war. Ich stürzte da temporär in eine ziemliche Krise. Die Familie und mein Töchterchen fehlten mir sehr. Ich verstehe mich zum Glück gut mit der Mutter. Aber nur ein Mal in der Woche mein Kind zu sehen, finde ich heute noch bedauerlich.

Nach der Trennung lebte ich in einer Wohngemeinschaft, zuerst mit einem Freund und, als er ins Ausland ging, mit einer Mama und ihrer Tochter. Ich wollte nicht alleine wohnen und habe so auch für meine Tochter etwas Nettes eingerichtet. Inzwischen lebe ich mit meiner neuen Partnerin in unserer Aikidoschule Qigong in Lyss. Es ist mir wichtig, dass meine Tochter Eyana auch meine Art zu leben miterleben und daran teilhaben kann.

Rückblickend sehe ich, dass meine Eltern ihr Bestes gemacht haben – auch wenn das zeitweise beinahe «talentfrei» war. Schöner wäre gewesen, wenn sich mein Vater seine Defizite eingestanden hätte und wenn sich die Verantwortlichen der Amtsvormundschaft nicht von ihm hätten blenden lassen. Es ist, wie es ist. Durch die Wahl meines Verhaltens bin ich selbst für mein Leben verantwortlich. Aufgrund meiner katzenhaften Lebensfreude und den resultierenden Entscheidungen erfuhr ich immer wieder die nötige Unterstützung, um mein Leben positiv zu gestalten und zu verändern.

Seit fünfzehn Jahren lebt mein Vater jetzt mit der gleichen Frau zusammen und achtet wieder auf seine Gesundheit. Als ich ihm vor drei Jahren half, in eine Art Altersresidenz umzuziehen, gab es einen Moment lang einen guten Kontakt. Einmal brachte er mich mit einer Lungenentzündung ins Spital. In der Cafeteria haben wir Streit bekommen, er hat mir eine gehauen, und ich habe ihm eine Faust zurückgegeben. Nicht fest. Ich musste ihm zeigen: Dieses Spiel haben wir in meiner Kindheit und Jugend miteinander gespielt, und jetzt finde ich es nicht mehr passend. Das war ein gutes und befreiendes Gefühl. Ich war damals knapp dreissig. Vorher hatte ich mich nie zu wehren vermocht.

Zu den Heimen kann ich sagen: Kinderheime haben eine ganz andere Energie als ein Jugendheim oder eine Erziehungsanstalt. Im

Jugendheim trifft eine Ansammlung von schwierigen Jugendlichen aufeinander. Ich weiss nicht, ob ich von selbst auf die Idee gekommen wäre, Schwule auszunehmen. Problematisch ist auch, dass Menschen, die in Heimen arbeiten, auch nur Menschen sind. Ihre Traumata und Muster korrespondieren mit denen der Jugendlichen. Die Jungs in den Institutionen sind sehr sensibel. Überlebensbedingt ist eine ihrer wohl grössten Fähigkeiten die Manipulation. Das ist kein Arbeitsort für junge, (lebens)unerfahrene Sozialarbeiter. Es bräuchte Persönlichkeiten mit viel Fingerspitzengefühl, einem breiten Horizont und einem grossen Herzen …

Als ich nach Jahren wieder einmal im Kalchrain war und dort im Speisesaal sass, wurde ich plötzlich extrem traurig. Einerseits spürte ich die Vibes im Raum, die ganze Ungelöstheit, andrerseits meine eigene Geschichte. Es stimmt mich nachdenklich, dass sich in den letzten zehn Jahren offenbar nichts Wesentliches verändert hat. Kann sich eine Utopie nicht selbst erlösen?

CORINNE BANORA

geboren 1959 in Basel

zwei oder drei Jahre in einem Heim im Kanton Basel-Landschaft

ein Zwillingsbruder und zwei Halbschwestern (gleiche Mutter)

Fremdsprachensekretärin, heute Sprachlehrerin im Integrationsbereich, Journalistin und Schriftstellerin

eine Tochter (Jg. 2000)

«DIE VORWÜRFE KAMEN ERST IM ERWACHSENENALTER.»

Ich war gemeinsam mit meinem Zwillingsbruder in einem Kinderheim in Baselland. Von meinen beiden älteren Schwestern war die jüngere zu diesem Zeitpunkt in einem Internat in Schaffhausen, die ältere machte eine kaufmännische Lehre und wohnte zu Hause. Meine Schwestern sind einige Jahre älter als wir Zwillinge.

Bis heute weiss ich nicht genau, weshalb wir ins Kinderheim gekommen sind. Nach dem Tod meiner Mutter habe ich angefangen, die vielen Puzzleteile zusammenzusetzen. Durch dieses Zusammensetzen kam ich zum Schluss, dass mein Mami vermutlich wegen meines Vaters arbeiten musste. Mein Vater war gelernter Schreiner und damals daran, sich als Antiquitäten-Restaurator ein eigenes Geschäft aufzubauen. Meine Mutter war Schneiderin, sie schneiderte auch Haute Couture. Später arbeitete sie aber an verschiedenen Orten, lange Zeit als Ergotherapeutin an der Psychiatrischen Universitätsklinik. Damals gab es keine Fremdbetreuungsmöglichkeiten wie heute. Es waren keine Grosseltern da oder sonstige Verwandte, die uns Zwillinge hätten betreuen können. Das Heim war die einzige Option. Wie sie das finanziell lösten, weiss ich nicht.

Meine Eltern lebten, schon als wir noch kleiner waren, eine Weile getrennt. Ich kann mich daran erinnern, wie ich manchmal den Vater besuchte. Vermutlich sind sie unseretwegen wieder zusammengekommen. Meine neun und zehn Jahre älteren Schwestern stammen aus der

ersten Ehe meiner Mutter. Wir kamen ziemlich schnell, nachdem sich meine Eltern kennengelernt hatten, auf die Welt. Meine Mutter gebar uns schon im siebten Monat, wir waren Frühgeborene. Mein Vater, neun Jahre jünger als meine Mutter, war zu jenem Zeitpunkt einundzwanzig Jahre alt und war plötzlich mit vier Kindern konfrontiert. Ich denke, das hat alles zusammengespielt.

Gewisse Bruchstücke von der Heimzeit sind mir noch in Erinnerung. Zum Beispiel das grosse Eisentor. An diesem Tor habe ich mich an einem Feiertag festgehalten und auf meine Mutter gewartet, die nicht kam. Alle anderen Kinder wurden von ihren Eltern abgeholt. Auch an den Hofhund des benachbarten Bauern, der seinen Hund schlug, mag ich mich erinnern, und wie ich darunter gelitten habe. So wie ich das in Umrissen noch im Kopf habe, war es ein grosses Kinderheim. An die Leute dort, an ihre Gesichter, an ihre Stimmen erinnere ich mich nicht mehr, aber an ihre Handlungen. Eine beängstigende Erfahrung verfolgt mich bis heute. Wir schliefen in einem grossen Saal, die Mädchen und die Knaben getrennt. Ganz viele Betten nebeneinander. Wann wir ins Bett mussten, weiss ich nicht, aber als es Zeit war, wurde das Licht gelöscht, und dann war es stockdunkel im Raum. Die Schwärze dieser Dunkelheit kam mir unheimlich schwer vor, als würde sich ein eiserner Vorhang über mich legen und als könnte man die Luft schneiden, so schwer und dick fühlte sie sich an. Dieses beklemmende Gefühl hatte ich Nacht für Nacht. Seither ertrage ich keine stockfinsteren Räume mehr.

Und ich hatte immer schrecklich Heimweh. Ich sehnte mich nach meiner Mutter. Als ich einmal wieder laut im Bett weinte, kam eine Erzieherin und holte mich aus dem Bett. In der hinteren Kammer spielte sie für mich auf der Gitarre das Lied «My Boney Is over the Ocean» und gab mir einen Zwieback, um mich zu trösten. Es ist erstaunlich, dass ich mich daran und an das Lied erinnern kann! An andere Zuwendungen habe ich keine Erinnerungen. Vielleicht war es die einzige, und ich kann mich deshalb daran erinnern? Ich musste einmal in der Badewanne schlafen, keine Ahnung, warum. Sie legten eine kleine Matratze rein. Auch in den Keller musste ich einmal. Ob ich da eingesperrt war, weiss ich nicht mehr. Ich weiss nur noch, wie furchtbar Angst ich hatte.

CORINNE BANORA

Ich kann mir nicht vorstellen, dass ich unartig war, ich war eher ein ruhiges und scheues Kind. Und einmal hatte ich Würmer in meinem Stuhl – eine schreckliche Erfahrung!

Wie meine Beziehung zu meinem Bruder zu jenem Zeitpunkt war, weiss ich nicht mehr. Vielleicht ein Zeichen, dass wir nie wirklich tief verbunden waren? Wir sind zweieiige Zwillinge. Wie Mond und Sonne, so unterschiedlich sind wir von unseren Wesen her. Und doch gab es Lebenssituationen, da hatten wir zwei einfach nur einander.

Ich erinnere mich an einen Umzug mit Lampions – ob das am Martinstag war? Oder war es am ersten August? «Ich lauf mit miner Latärne, und mini Latärne mit mir, do obe lüchte d Schtärne, do unde lüchte mir ...» Noch immer regen sich bei mir traurige Emotionen, wenn ich dieses Kinderlied höre. Ich war sehr stolz auf meinen Lampion. Und dann die Päckli von meinem Mami. Sie schickte uns hin und wieder ein Päckli, immer sehr liebevoll. Doch wir mussten alles mit den anderen Kindern teilen, das war für mich besonders hart, und es fiel mir schwer. Das Einzige, was ich von meiner Mutter hatte. Und ich musste es teilen.

Am Sonntag gab es jeweils Weissbrot und dunkle Kirschkonfitüre. Dazu gab es immer ein Butterröllchen. Da es nur eines gab, gingen wir sparsam damit um, sodass es für zwei «Komfibrote» reichte. Ich erinnere mich auch, dass wir mal am Moor spazieren gingen und die Erzieherinnen uns Angst machten, dass man versinken könne. Auch daran, dass wir einmal, die ganze Kinderschar, eine Familie besuchen gingen, die gerade dem Feuer entkommen war. Wir mussten dazu einen Berg hinaufkraxeln. Das Haus war halb abgebrannt, und die Leute sahen bleich und traurig aus. Dieses Ereignis bedrückte mich, und noch oft sind die Bilder von diesen verzweifelten Gesichtern und vom Hund, der vor der Haustür lag und den niemand beachtete, wieder hochgekommen. Ich denke, ich habe wohl schon als Kind eine ausgeprägte soziale Ader gehabt und eine grosse Liebe zu Hunden verspürt.

Es existieren keine Fotos von mir aus der Zeit im Kinderheim, aber Zeichnungen und Briefe, die ich mit Hilfe einer Erzieherin an meine Mutter schrieb. In denen kommt immer wieder zum Ausdruck, dass ich Heimweh hatte. Ich verzierte sie mit einem roten Klebeband und umrahmte sie mit gemalten Blumen. Ich mag mich an das Gefühl erinnern, dass ich eigentlich nur meiner Mutter schreiben wollte, da ich nur sie vermisste. Aber natürlich musste ich meine Briefe an beide Elternteile richten. Vielleicht wurde ich dazu aufgefordert, ich weiss es nicht. Ich hatte keine herzliche Beziehung zu meinem Vater. Eigentlich hatte ich gar keine, wenn man es genau betrachtet. Ich vermute, es hing von meinem Vater ab, ob unsere Mutter uns im Heim besuchte. Nur er konnte Auto fahren. Vielleicht wollte meine Mutter aber auch, dass sie uns gemeinsam besuchten, und weil sich das manchmal nicht ergab, kam eben gar keiner?

Als ich schon eine reife Frau war, sagte mir mein Vater, dass nicht er, sondern meine Mutter gewollt hatte, dass wir ins Heim kämen. So wie er es sagte, hörte es sich an, als hätte sie uns loshaben wollen. Ich glaube ihm kein Wort. Er wollte immer, dass sie arbeiten ging. Wer hätte sich denn um uns kümmern sollen, wenn nicht die Institution Heim dagewesen wäre?

Dann kamen wir aus dem Heim. Auf uns warteten ein grosses Haus und ein schwarzer, grosser Hund, der bald mein bester Freund wurde: Blacky. Das Haus lag an der Birs. Wir hatten viel Land, einen Quittenbaum und eine alte Linde, unter dem eine Ente, ein Deux chevaux, stand, in dem wir später verbotenerweise spielten. Fast wären wir damit einmal die Böschung zur Birs hintergerast …! Diese kurze Zeit war die glücklichste meines Kind-Lebens, ein richtiges Kinderparadies, voller Abenteuer. Aber dann zogen wir wieder weg – ich denke, wegen meines Vaters – und so ging es dann viele Jahre: Kaum hatte ich an einem Ort einigermassen Wurzeln geschlagen, zogen wir wieder fort.

Das mit meinen Eltern hatte nie wirklich geklappt. Sie haben sich scheiden lassen, als ich zwanzig wurde. Meine Kindheit und Jugendzeit habe ich – bis auf wenige Ausnahmen – nicht in guter Erinnerung. Wir waren eine dysfunktionale, disharmonische Familie. Die kleinen Momente des Glücks sind mir jeweils fast künstlich vorgekommen, und wenn ich in diesen Momenten zwischen meinen Eltern Zuneigung und Vertraulichkeit wahrgenommen habe, hat mich das zutiefst befremdet.

Meine Mutter hat ihren ganzen Kummer und ihre Sorgen vor uns verborgen. Aus heutiger Sicht denke ich, dass das ein unglaublicher

Kraftakt für sie gewesen sein muss. Einerseits bewundere ich sie für diese Stärke, andererseits mache ich ihr zum Vorwurf, dass sie nie mit uns geredet hat. Das Fehlen von Kommunikation – aus heutiger Sicht auch eine Realität der damaligen Generation – war bei mir sehr verhängnisvoll, weil ich ihr Schweigen, ihre Bitterkeit ganz auf mich bezog. Ich fühlte mich ungeliebt.

Als Kind konnte ich das mit dem Kinderheim noch nicht einordnen. Später, als Jugendliche, habe ich es verdrängt. Erst als ich erwachsen wurde, entwickelte sich eine eigentliche Bewusstwerdung, und ich fühlte mich von meiner Mutter betrogen und im Stich gelassen. Die Tatsache mit dem Kinderheim, das Wegschicken in der Jugendzeit, die scheinbare Gleichgültigkeit gegenüber meinem Weggehen vom Elternhaus – ein Schritt, in den die Eltern mich hineinkatapultiert hatten –, kurz: das fehlende Verständnis und die fehlende mütterliche Präsenz, besonders während meiner Pubertät, führten zu enormen Wutstauungen, unausgesprochenen Anschuldigungen und zu tiefen Zweifel. War ich im Weg? War ich der Grund für ihre Zerwürfnisse? War ich als dritte Tochter zu viel? War der Mann, mein Vater, der Mutter wichtiger als wir Kinder? Viele unausgesprochene Fragen, die ich, solange sie lebte, nicht aussprechen konnte. Jetzt ist es zu spät. Bei ihrem Tod war sie 73, ich 42 Jahre alt. Der Vater spielte in meinen Gedanken eher eine unwesentliche Rolle, obwohl er meiner Meinung nach an der Familientragödie schuld war.

Wir lebten in einem Patrizierhaus, mit einem wunderschönen Garten. Nach aussen hin eine heile Familie. Vis-à-vis von unserem Haus das Geschäft meines Vaters, in dem gutbetuchte Kundschaft ein und aus ging. Im dritten Stockwerk das Atelier meiner Mutter, wo sie für Damen aus dem Basler «Daig» schicke Kostüme nähte. Doch das Kartenhaus brach in sich zusammen. Die Exzesse und Seitensprünge meines Vaters, von denen ich damals jedoch nichts wusste, die chronische Überlastung meiner Mutter und dann diese pubertierende Tochter, die mit Suizidgedanken beinahe Ernst gemacht hatte. Nach der Schule schickte man mich deswegen statt nach England oder nach Genf in ein Hotel in die Innerschweiz, wo ich ein sogenanntes Haushaltlehrjahr absolvieren sollte. Ich fühlte mich verbannt. Der Ort, an dem ich war:

ein einziger Alptraum. Die Hotelbesitzer missbrauchten mich als billige Arbeitskraft und als hübscher Lockvogel für die provinziellen Gäste. Lüsterne Bauern und die Söhne der Hoteliers stellten mir nach. Ich musste den Kot der Betagten in den Toiletten wegputzen, die Kakerlaken im Hotel-Hallenbad mit dem Besen vernichten und dem jüngsten Sohn die von Sperma verschmutzte Bettwäsche waschen und sein Bett frisch beziehen. Ich könnte einige Geschichten über diese Zeit erzählen. Demütigende Erfahrungen und Erinnerungen an eine einsame und unglückliche Zeit.

Noch bevor das Jahr zu Ende war, kamen mich mein Vater und mein Bruder holen. Mein Zuhause war wieder an einem anderen Ort, die Familie war nochmals umgezogen. Ich war völlig orientierungslos, war verstockt, verletzt, enttäuscht. Meine Eltern wurden nicht mit mir fertig, weil sie mit sich selbst nicht fertig wurden, und drohten mir mit dem Erziehungsheim. Das Zusammenleben mit ihnen – der Bruder war damals in der Rekrutenschule, ich war mit ihnen alleine – war so schwierig geworden, dass ich nur noch eines wollte: fort. Ich wollte und konnte nicht mehr mit ihnen unter einem Dach leben.

Ich suchte mir also selbst eine Bleibe und stiess bei dieser Suche auf ein Mädchenheim der Heilsarmee. Als ich auf dem Vorplatz des Heims ankam, kam mir wedelnd ein Hund entgegen, und aus einem geöffneten Fenster des Hauses tönte «Money» von Pink Floyd. «Yeah, I am at home», dachte ich, und so war es.

Ich habe noch heute Kontakt zu einer der Heimleiterinnen. Sie lebt in meiner Nähe in einer Schwesternschaft, und manchmal besuchen wir denselben Gottesdienst. Sie hat meinen ganzen Werdegang miterlebt: wie sie mich bei der Genfer Polizei abholen musste, weil ich eine «Fuge» gemacht hatte. Ich war ausgerissen. Mehr als zwei Wochen war ich unterwegs, war durch ganz Frankreich getrampt und hatte sagenhafte Dinge erlebt, die allein schon ein Buch füllen könnten. Meine Eltern hatten die Ausreisserin dann durch die Interpol suchen lassen.

Im Mädchenheim erlebte ich zum ersten Mal völlige Freiheit, Unabhängigkeit und Selbstständigkeit. Wir Mädchen hatten ähnliche Schicksale erlebt, kamen aus zerrütteten Familien. Ich finanzierte meinen Aufenthalt selbst, wollte völlig unabhängig von meinen Eltern sein.

CORINNE BANORA

Dies bedingte natürlich, dass ich vorerst arbeiten gehen musste. Eigentlich wollte ich nochmals in die Schule, die Diplommittelschule besuchen, aber die Türen dazu waren mir verschlossen. Ich glaube, ich war damals über meine Rechte nicht wirklich im Bilde, wusste nicht, dass meine Eltern für meine Ausbildung hätten aufkommen müssen. Vielleicht wollte ich aber einfach nichts mehr von ihnen wissen. Ich hatte von meinem Vater immer wieder gesagt bekommen, dass wir Kinder nur Geld kosten würden. Und solange wir unsere Füsse unter seinem Tisch ... Ich war deshalb wohl zu stolz, sie um irgendetwas zu bitten. Der Preis, den ich dafür bezahlte, war sehr hoch.

Mit noch nicht ganz achtzehn ging ich für ein Jahr nach Israel. Ganz alleine, ohne zu wissen, was mich erwartete. Ich bereute es nie, eine einzigartige Erfahrung! Mit zwanzig finanzierte ich meine erste Ausbildung, ich arbeitete tagsüber in einer Bank, abends besuchte ich die Abendhandelsschule. Das, was mich eigentlich seit meiner Kindheit interessierte und verzauberte, blieb bloss ein Traum: die Schauspielerei, die Schriftstellerei und der Lehrerberuf. Mit 23 machte ich mein Fahrbillett. Ich bezahlte immer alles von meinem eigenen, selber verdienten Geld. Niemals habe ich meine Eltern um Hilfe gefragt.

Mit 25 bereiste ich zum ersten Mal den Kontinent Afrika, ohne zu wissen, dass dieser einst mein Schicksal sein und ich mit ihm auf eine ganz intime Weise verbunden sein würde. Dann, mit dreissig Jahren, als ich schon in Genf lebte, lernte ich meinen ersten afrikanischen Mann kennen, er stammte aus Nigeria. Später trennten wir uns, und ich heiratete einen Gambier, mit dem ich sehr lange zusammenblieb und mit dem ich eine gemeinsame Tochter habe, ein lang ersehntes Wunschkind. Ich wünschte mir damals, mit ihm in Afrika zu leben. Ich wollte vorher aber herausfinden, ob ich mit einer anderen Frau an seiner Seite leben könnte. In den sechs Monaten, in denen ich mit unserer keinen Tochter ohne ihn dort lebte, holte ich mir die Bestätigung: Polygamie war für mich nicht (mehr) lebbar, weder aus der Ferne noch in der Nähe.

Zu meiner Familie, wenn sie denn diese Bezeichnung verdient, habe ich kaum Kontakt. Irgendwann habe ich dieses Kapitel Familie einfach abgeschrieben. Ich empfinde den Verlust der Familie – kann man von Verlust sprechen bei etwas, das man nie wirklich besessen hat?

– eigentlich nur wegen meiner Tochter. Schmerzhaft bewusst geworden ist mir dies erst nach ihrer Geburt, denn sie hat ausser uns, ihren Eltern und ihrer Gotte, meiner Cousine mütterlicherseits, niemanden. Es ist, als würde sie gar nicht existieren. Von ihrer Familie in Afrika wird sie aber innig geliebt. Die Familie hat dort einen besonderen Stellenwert, der Kontakt mit ihr ist wichtig, die Verehrung der Eltern rührt mich immer neu an. Deshalb konnten meine afrikanischen Ehemänner und Freunde meine Familiengeschichte auch nie verstehen.

Israel, Genf, Afrika und tausendmal umgezogen. Seit meiner Kindheit habe ich meine Zelte immer wieder neu aufgestellt. Inzwischen bin ich eine «sesshafte Nomadin», immerhin wohne ich mittlerweile schon über zehn Jahre in Basel, mit einem einjährigen Unterbruch in einem bäuerlichen Dorf im Fricktal. Time for a change! Hätte ich Geld und in Genf gute berufliche Perspektiven, würde ich wieder dorthinziehen. Meine bald Zwölfjährige wäre halbwegs einverstanden. Genf ist auch für sie so etwas wie eine zweite Heimat in der Schweiz geworden.

Ich verdiene unseren Lebensunterhalt als Sprachlehrerin im Integrationsbereich. Daneben bin ich seit vielen Jahren journalistisch, jetzt nur noch als Kolumnistin, tätig und arbeite an weiteren literarischen Projekten. Irgendwann einmal, wenn die Zeit reif ist, werde ich über das Thema Trauer schreiben, darüber, wie sich das anfühlt, wenn der Mutter-Tochter-Konflikt über den Tod hinaus nicht gelöst werden kann und wie sich eine solche schmerzvolle Erfahrung möglicherweise verhindern lässt. Einige meiner literarischen Texte habe ich meiner Mutter gewidmet, es fühlte sich so richtig und versöhnend an.

Im letzten Jahrzehnt habe ich Dinge erreicht, von denen andere nur träumen. Ich habe immer sehr intensiv gelebt, allem Widerstand getrotzt. Meinem Wesen entsprechend habe ich nie den einfachsten, sondern stets den schwierigsten Weg genommen.

Ein weiterer Freund stammt wiederum aus Afrika, eine Art Seelenverwandter, aus dem Senegal. Meine Tochter hat afrikanische Wurzeln … mit Afrika verwoben. Die Träume meiner Kindheit haben sich erfüllt. Als Schauspielerin betrachte ich mich aber nur, weil ich ständig in andere Rollen schlüpfe: in die Mutter, der Frau, der Lehrerin, der Schreibenden, der Helfenden, der Kämpfenden …

Ich weiss nicht, ob die Heimzeit, die damaligen harten Entbehrungen mich stark gemacht haben. Möglicherweise. Vielleicht bin ich ja einfach von Natur aus eine starke Frau.

THOMAS FRICK

geboren 1983 in Winterthur

elf Jahre in vier verschiedenen Heimen im Kanton Zürich

drei Halbschwestern (zwei mit gleichem Vater,
eine mit gleicher Mutter)

Sanitärinstallateur, heute Chefmonteur im Sanitärbereich

keine Kinder

«ES GIBT VIELE SACHEN, DIE ES IM HEIM EINFACH NICHT GIBT.»

Wenn ein Kind in ein Heim will, ist das nicht schlimm. Wenn nicht, dann ist es schlimm. In meinem Fall wäre es sicher besser gewesen, wenn ich zu Hause hätte bleiben können. Ich frage mich, warum man meiner Mutter nicht geholfen hat, als sie überfordert war.

Mein Vater war Alkoholiker, wobei ich mich nicht daran erinnern kann. Offenbar war er gewaltbereit. Er soll meine Mutter auch geschlagen haben, als sie schwanger war. Ich selber habe ihn als super Vater erlebt. Ausser dass er unzuverlässig war, was natürlich damit zu tun hatte, dass er Alkoholiker war und sein Leben nicht so im Griff hatte. Einen Alkoholiker zu definieren, ist schwierig, aber mein Vater war selber im Heim aufgewachsen. Er kam mit achtzehn schon als Alkoholiker aus dem Heim. In den Augen meines Grossvaters hat der Staat seinen Sohn in den Tod getrieben. Mein Vater starb mit vierzig am Alkohol. Gelbsucht. Leberzirrhose. Ich war damals zwanzig.

Ich durfte meinen Vater nie richtig kennenlernen. Meine Eltern trennten sich, als ich drei war. Der Kontakt mit ihm wurde mir nach ihrer Trennung verwehrt. Von wem, ist nicht so klar. Es gab einen gerichtlichen Entscheid. Nachher sah ich meinen Vater nur noch an besonderen Tagen, zum Beispiel an Weihnachten. Aber das gab immer ein Theater. Ich erinnere mich an eine Situation, als er mich zusammen mit meinem Grossvater und meinen beiden Halbschwestern abholte. Ich war damals im Schulalter. Wir gingen essen, der Grossvater zahlte. Er

THOMAS FRICK

war immer der Einzige, der ein bisschen Geld hatte. Mein Vater war Sozialhilfeempfänger. Es war megaschön, und ich wusste nicht, wann ich meinen Vater das nächste Mal wiedersehen würde. Ich wollte gar nicht mehr gehen und rief meine Mutter an. Sie wollte, dass ich sofort nach Hause komme. Mein Grossvater sagte: «Ach, weisst du was, ich setze mich jetzt durch: Wir bleiben noch ein bisschen. Ich übernehme die Verantwortung.» Meine Mutter hat dann total überreagiert und die Polizei gerufen.

Mein Grossvater spielt sicher eine Rolle in meinem Leben. Er starb 2011, hatte Krebs, nahm das aber ziemlich locker. Ich habe es einzig ihm zu verdanken, dass ich ab und zu meinen Vater sehen konnte. Wenn meinem Vater der Führerausweis entzogen wurde, war er es, der sich als Taxi zur Verfügung stellte, um mich zu meinem Vater zu bringen. Als mein Vater klein war, wollte mein Grossvater ihn nach seiner Scheidung zu sich nehmen, kam vor Gericht aber nicht durch. Stattdessen verlor er ihn an ein Heim. Dabei hatte mein Grossvater eine abgeschlossene Lehre und eine eigene Firma. Jetzt musste er zuschauen, wie sein eigener Sohn wiederum seinen Sohn ans Heim verlor. Er war sehr hässig auf die Justiz und alles. Er hatte die Nase so voll, dass er – anders als ich – sich nicht sachlich mit der ganzen Geschichte befassen wollte.

Ein Heim ist immer eine absolute Notlösung. Heute ist ein Amt vorsichtiger. Es ist im Trend, andere Lösungen in Betracht zu ziehen. Die Öffentlichkeit interessiert sich mehr. Letztlich haben wir aber immer noch die gleiche Struktur wie früher, und der Ablauf ist der gleiche: Ein Kind fällt auf, weil es schulische Probleme oder keine Kollegen hat. Die Schulbehörde kommt auf die Eltern zu. Es gibt eine Riesentragödie. Alles dreht sich um das Kind, aber niemand sieht das eigentliche Problem – zum Beispiel eine Mutter, die zu Hause säuft.

Ich war in ziemlich vielen Kinderheimen. Das heisst, es kommt darauf an, was unter Kinderheim läuft. Es gibt Heime, die Institution genannt werden. Wohngruppen. Geschlossene … Ich erinnere mich an das alles nur verschwommen. Aber an meinem ersten Schultag war ich schon im Heim. Also in einer Pflegefamilie mit etwa zwölf Kindern und ausgebildetem Personal. Von dort aus ging ich in eine ganz normale Schule. Ich war mit einer Hasenscharte auf die Welt gekommen und

THOMAS FRICK

ging nebenbei in eine Sprachheilschule, um bei einer Logopädin so komische Übungen zu machen. Da wusste ich: Ich bin wohl wirklich ein spezieller Fall.

Warum ich in einer Pflegefamilie wohnte, wusste ich nicht recht, und vom restlichen Geschehen habe ich eigentlich auch nichts mitbekommen. Meine Mutter hatte in der Zeit nochmals geheiratet. Doch sie kam nach wie vor nicht klar mit mir. Sie kam eigentlich von Anfang an nicht mit mir zurecht.

Die Pflegefamilie war die einzige Einrichtung, die mir wirklich gefallen hat, weil es einigermassen familiär zu und her ging. Klar gab es dort auch Streit. Sanktionen. Aber es war persönlich. Ein Heim mit vierzig Kindern kann einfach nicht persönlich sein. Das wird irgendwann militärisch. Ich meine, vierzig Kinder, das musst du erst mal im Griff haben.

Nach zwei, drei Jahren kam ich ins Beobachtungsheim Brüschhalde, zur weiteren Abklärung, erklärte man mir. Das Leitbild von dem Heim muss man gelesen haben ... Aber dort ging es eigentlich noch. Warum ich nicht länger in der Pflegefamilie bleiben konnte, weiss ich nicht genau. Vermutlich wurde ich zu alt.

Ich hatte damals lauter Flausen im Kopf, war immer aktiv, aber hyperaktiv war ich nie. Ich bekam dort auch kein Ritalin. Das bekam ich erst später. Jedes zweite Wochenende ging ich nach Hause zu meiner Mutter. Aber es gab immer Streit. Es ging einfach nicht. Es gab auch Wochenenden, von denen ich dachte: «Das war jetzt richtig lässig.» Aber nach Aussage des Heims fand meine Mutter es eine Katastrophe und sagte, es sei gar nicht gegangen. Dann durfte ich längere Zeit nicht mehr nach Hause. Meine Mutter erzählte mir, ich dürfe vom Heim aus nicht nach Hause. Das Heim erklärte, meine Mutter wolle das zurzeit nicht.

Nach dem Beobachtungsheim ging es weiter in die Wohnschule Freienstein. Dort fand ich es sehr steril. Wie in einem Massenlager. Der Alltag war derart durchstrukturiert, das es nichts Persönliches mehr gab. Ich machte damals Erfahrung mit einem Erzieher, der uns schlug. Ich machte bei der Polizei eine Anzeige mit Fotos. Die Polizei rief den Heimleiter an. Aber passiert ist gar nichts. Der Erzieher blieb. Dort riss ich völlig ab. Ich realisierte, wie völlig ausgeliefert und machtlos ich bin, und fing hardcore an zu rebellieren. Ich wollte wissen, wie weit ich gehen kann. In der Zeit bekam ich auch Ritalin. Aber ich nahm es nie. Ehrenwort. In meiner Akte steht aber, wie gut ich mich mit Hilfe des Medikaments gebessert hätte.

Nach fünf Jahren bin ich aus der Wohnschule geflogen. Meine erste Frauengeschichte: Ein Mädchen kam neu ins Heim. Mit Brille und Zahnspange. Nicht gerade die Coolste. Ideal zum Hänseln. Ich hatte mega Mitleid mit ihr und wusste, wie sich das anfühlt, auch wenn ich in der Schule mittlerweile ein gewisses Ansehen hatte, schon weil ich kein Blatt vor den Mund nahm. Verliebt war ich überhaupt nicht, das war ich in eine andere. Plötzlich erzählte das Mädchen, dass ich von ihr Sex gewollt hätte – gegen ihren Willen. Daraus wurde eine gröbere Story, worauf mich meine Mutter nach Hause holen musste. Auch sie traute mir alles zu. Sie traute mir alles zu. Das war eine der krassesten Erfahrungen für mich. Damals redete ich mit niemandem darüber. Heute finde ich es wichtig, offen zu erzählen. Irgendwann später hiess es, die Sache habe sich geklärt. Ich sei unschuldig. Trotzdem war ich rausgeflogen. Ich hatte nach fünf Jahren all meine Kollegen hinter mir gelassen und musste mich in ein neues Heim einleben. Später habe ich erfahren, dass das Mädchen vor seiner Heimzeit sexuell missbraucht worden sein soll.

Mit achtzehn ging ich meine Akten einsehen. Es gibt viele Sachen aus meiner Kindheit, an die ich mich nicht mehr so genau erinnern kann. An andere aber kann ich mich sehr genau erinnern. Was ich darüber las, fand ich eine Riesensauerei. Das stimmt so nicht. Vordergründig ist alles objektiv niedergeschrieben. Dabei ist es so aufgeschrieben, wie es eine Person aufgefasst hat. Und diese Person prägt somit alle Entscheidungen. Mich hat nie ein Jugendamt direkt gefragt: «Was ist mit dir los, warum machst du so einen Blödsinn?» Es lief alles total unpersönlich ab.

Ich habe da viele Beispiele. Das extremste ist das mit einem Sozialpädagogen, der schnell die Geduld verlor und zuschlug. Ich war damals so vierzehn und einer, der sich immer gegen Ungerechtigkeiten stellte. Sicher hatte ich ein gewisses Gewaltpotenzial, aber es hat sehr viel gebraucht. Ins Gesicht oder so nie. Ich habe mehr geschubst, die Kontrolle sicher verloren, aber nicht völlig. Einmal, nach einer Eskalation mit diesem Sozialpädagogen, kam ich in ein geschlossenes Zimmer – mit Holzbett, Panzerglas und einem Kübel fürs Geschäft. Nach zwei, drei Tagen kam jemand zu mir und fragte, ob ich mich beruhigt hätte. Danach hatte ich die Wahl zwischen einer geschlossenen Anstalt, wo ich mir meine Chance auf eine Lehrstelle definitiv hätte abschreiben können, und einem Jugendschiff. Man hatte mir zwei gröbere Massnahmen aufgebrummt. Ich habe unter massivem Druck dem Jugendschiff zugestimmt. In meiner Akte liest sich die Geschichte so, als wäre ich freiwillig aufs Schiff gegangen. Mein Grossvater klagte damals wegen Kindsentführung und stellte massive Geldforderungen. Man hat über ihn gelacht. Aber ich war froh, dass sich jemand mit meiner Geschichte befasst und mir zuhört. In der Akte steht übrigens auch, ich sei grundlos auf den Erzieher los.

Diese Machtlosigkeit war einer der Gründe, warum ich mit zwanzig die Internetplattform EXTREMEFUN.CH gegründet habe. So ein Zimmer ist minderwertiger als ein Knast. Ich finde es eigenartig, dass ein Heim so ein Zimmer überhaupt haben darf. Ich habe es fotografiert, natürlich heimlich. Ich habe dem Heim gedroht: Entweder macht ihr das Zimmer dicht, oder ich veröffentliche die Fotos. Inzwischen soll es dieses Zimmer nicht mehr geben. Sollte ich herausfinden, dass das nicht stimmt, habe ich mit EXTREMEFUN.CH eine gut besuchte Plattform für die Veröffentlichung. Mir geht es nicht um einen Medienerfolg. Mir geht es um die Sache.

Mein Ziel war es, möglichst viele Leute zu erreichen, und ich war verblüfft: Jährlich besuchen uns 70 000 Leute. Manchmal hatte ich auch einfach Glück: ein Fernsehauftritt oder ein Zeitungsauftritt, das ist Werbung. Darum: Wenn sich jemand interessiert, nehme ich mir Zeit. Obwohl das auch immer ein Opfer ist, wenn man im Berufsleben steht wie ich.

Viele schreiben mich persönlich an. Die meisten sind in der gleichen oder ähnlichen Situation wie ich damals. Viele Eltern haben Angst, das Jugendamt einzuschalten, weil sie befürchten, dass ihnen gleich das Kind weggenommen wird. Es sind vor allem Frauen, die mir schreiben.

Männer holen sich selten Ratschläge. Ich bin oft erstaunt, wie offen sie sind. Ich bin ein bisschen wie die «Dargebotene Hand». Einen Tipp gebe ich immer: «Gib den Leuten keinen Grund, negativ über dich zu denken. Sei sachlich und anständig, egal wie wütend sie dich machen. Wenn du ausflippst und auf den Tisch haust, dann hast du schon verloren.»

Der andere Grund, warum ich EXTREMEFUN.CH aufgebaut habe, war meine Begeisterung für Funsport. Im gleichen Heim mit dem Zimmer wurde mit Erlebnispädagogik gearbeitet. Das hat mir sehr gutgetan. Du kannst noch lange erklären, was Selbstbewusstsein oder Verantwortung ist – wenn du am Gleitschirm hängst, weisst du es innert einer Minute. Das fand ich enorm faszinierend. Ich hatte immer das Gefühl, ich sei nichts. Ein Störenfried. Asozial. Im Funsport kam ich aus mir heraus, hatte ich Begabung. Dieses Erlebnis möchten wir anderen Heimkindern weitervermitteln, indem wir Events anbieten. Etwas, was die Kinder anregt und was sie lässig finden. Das soll eigentlich bei EXTREMEFUN.CH im Vordergrund stehen. Ich konnte zum Beispiel einmal für ein Heim einen Gokart-Wettkampf organisieren. Das war für die Kinder etwas vom Lässigsten.

Davon zu leben, wäre ein Traum. Aber ich habe immer gewusst, dass das nicht realistisch ist. Dass ein Heim oder eine Behörde sagt: «Wir brauchen genau so einen wie dich, der die Sache kritisch anschaut», ist sehr unwahrscheinlich. Wir schreiben oft über Problematiken von Heimen und holen sie runter von ihrem Hochglanzprospekt. Es gibt nämlich viele Sachen, die es in einem Heim einfach nicht gibt. Zum Beispiel Familienleben, Liebe, Geborgenheit und nur schon beschränkte gesellschaftliche Erfahrungen zu sammeln. Das Heimleben wurde immer so dargestellt, als müsste ich davon begeistert sein. Wenn dir das Heim einen Schoggiriegel aufs Kissen legt, dann ist die Welt wieder in Ordnung. Sie war aber alles andere als in Ordnung. Oder die Sexualität: Als ich mit siebzehn aus dem Heim kam, dachte ich, Liebe sei Sex.

Heime sind nicht einfach ein Feindbild für mich. Es gibt gute Heime und auch gute Pädagogen. Ein ehemaliger Erzieher aus dem Jugendheim Sternen ist heute mein bester Kollege, mit dem ich viel unternehme. Er hat auch einen Master of Arts, ein schlauer Siech, sage ich jetzt mal. Er ist quasi ein bisschen mein Berater.

THOMAS FRICK

Aber es gibt auch schlechte Heime. Und schlechte Jugendamt-Mitarbeiter. Gegen die bin ich. Die schieben einfach die Verantwortung ab. Ich habe im Heim einen Neunjährigen mit Selbstmordgedanken miterlebt. Ein Neunjähriger, der sich sagt, meine Eltern wollen mich nicht mehr, ich werde abgeschoben. Dieses Gefühl kannte ich auch. Ich entwickelte ein immer extremeres Fehlverhalten. Mit sechs kam ich in die erste Einrichtung, und erst mit siebzehn habe ich den Rank gefunden. Das kann doch nicht sein. Den Neunjährigen haben sie damals in eine geschlossene Abteilung gesteckt. Das ist so ziemlich das Dümmste, was man machen kann. Sie hätten ihn besser gefragt, was er wirklich braucht.

Nach der Massnahme Jugendschiff war ich nicht der Bravste. Ich musste erst wieder lernen, mit der Freiheit umzugehen. Ich kam zurück ins Jugendheim, konnte aber bald darauf extern wohnen. Zwei Dörfer weiter. Als ich eine Lehre als Sanitärinstallateur anfing, hatte ich brutal Mühe. Ich hatte einfach keinen Saft. Aber ich habe gekämpft. Zum Glück hatte ich einen Chef, der es mir verzieh, wenn ich mal krank war. Die Schule habe ich nie geschwänzt. Da war ich diszipliniert.

Als ich die Lehre anfing, wurde ich auch christlich. Ich hatte immer Mist gebaut, mich nie an etwas gehalten. Der Glaube hat mir einfach etwas gegeben. Auch mit dem Heim gingen wir ein paar Mal in die Kirche, zum Beispiel in die ICF*, das ist eine Art Jugendkirche, die einen mit dem entsprechenden Programm die Kirche lässig erleben lassen kann. Ich wollte mal mit meiner jüngeren Schwester hin. Aber dazu kam es nicht. Als meine Mutter das erfuhr, hat sie den Gemeindepfarrer angerufen und nach Hause bestellt, damit meine Schwester von ihm zu hören bekommen sollte, dass die ICF eine Sekte sei und ich sie dort hereinziehen wolle. Aber der Pfarrer hat das nicht gemacht. Das letzte Mal war ich vor zwei Monaten in der ICF. Vorher ein halbes Jahr nicht mehr. Ganz schlimm. So quasi ein typischer Christ, der Christ wird, wenn es ihm schlecht geht. Ich habe im Frühling 2012 in der Landeskirche geheiratet.

Die Gaumenspalte hat mich bis zwanzig begleitet. Erst dann konnte sie richtig operiert werden. Als Kind sah man sie stark, und ich hatte

*International Christian Fellowship

grosse Minderwertigkeitskomplexe. Schulisch war ich auch schlecht, und als Heimkind hast du sowieso eine Zwei auf dem Rücken. Das merkte ich auch später: Eine Lehrstelle wurde mir verwehrt, weil ich im Heim aufgewachsen war. Wenn jemand im Heim aufwachse, habe das seine Gründe, meinte der Chef. Lange arbeitete ich nach meiner Lehre nur temporär, weil ich mich nicht mehr bewerben wollte. Bis mein heutiger Chef nicht lockerliess. Ich habe offengelegt, dass ich eine Scheissvergangenheit hatte – zum Teil selbstverschuldet, zum Teil nicht. Da erklärte er mir, dass ihn das alles nicht interessiere. Er wisse, wie ich arbeite, und ob ich jetzt eine Festanstellung wolle oder nicht. Seither habe ich mich immer wieder weitergebildet. Jetzt bin ich Chefmonteur, habe mein eigenes Team und meine eigenen Projekte. Man könnte sagen, dass ich zum unteren Kader gehöre.

Meine Mutter sagt immer, sie habe mich nicht ins Heim schicken wollen, das sei ihr vom Jugendamt auferlegt worden. Aber unterschrieben hat sie. Ihre Aussagen und die Akten sind widersprüchlich. Vor fünf Jahren habe ich angefangen, über meine Geschichte ein Buch zu schreiben. Zwanzig Seiten habe ich geschafft. Mir hat der Durchhaltewille gefehlt. Dort stehen auch Erinnerungen, die ich heute schon wieder vergessen habe.

ANITA HAUENSTEIN

geboren 1965 in Basel

dreizehn Jahre in zwei verschiedenen Heimen
in den Kantonen Basel-Stadt und Zürich

ein Halbbruder (gleiche Mutter) und
mehrere Halbgeschwister (gleicher Vater)

Hauswirtschafterin und Detailhandelsassistentin,
heute Leiterin einer Cafeteria

ein Sohn und eine Tochter (Jg. 1989, 1991)

«ENTSCHULDIGT HAT SICH MEIN VATER NIE.»

Ich kam etwa mit drei Monaten als Säugling in ein Nonnenkloster in Basel. Man hatte mich meiner Mutter weggenommen. Sie liess mich als Baby einfach den ganzen Tag in der Wohnung liegen und zeigte kein Interesse. Dabei hatte sie weder Drogen- noch Alkoholprobleme. Gar nichts. Meine Mutter war, was das Trinken betrifft, ziemlich seriös. Vielleicht war sie einfach noch zu jung, hatte mehr Männer im Kopf als etwas anderes. So ganz genau hat man mir das nie erklärt. Alles, was ich weiss, habe ich von meiner Grossmutter, also der Mutter meiner Mutter. Die erzählte mir ziemlich viel.

Im Kindergartenalter holte mich mein Vater zu sich. Ich erinnere mich, dass ich bei ihm vier geworden bin. Er hatte wieder geheiratet und anscheinend das Sorgerecht bekommen. Die erste Klasse habe ich dann vor lauter Umzieherei zweimal gemacht. Ich habe noch ältere Geschwister, aber die lebten nicht bei uns. Ich kenne sie kaum, und es gibt sicher auch solche, von denen ich gar nichts weiss. Am meisten Kontakt habe ich zu meinem jüngeren Bruder von der Mutterseite.

Meiner Lehrerin fiel auf, dass ich mich beim Turnen nie ausziehen wollte. Als ich ihr zeigte warum, nahm sie mich mit auf den Polizeiposten und machte eine Anzeige. Dann ging es los: hundertmal Verhöre, hundertmal zeichnen, wie es zu Hause zu und her gegangen war. Für mich war das furchtbar schlimm. Von meinem Typ her hätte ich mich sicher dagegen gewehrt. Aber damals war ich dafür noch zu klein.

ANITA HAUENSTEIN

Mein Vater wurde verurteilt und kam in den Lohnhof in Basel. Ich weiss gar nicht mehr, wie lange. Drei Jahre? Wenn überhaupt. Sicher zu wenig lang. Von daher war es für ihn sicher nicht so schlimm.

Ich kam ins Kinderheim, bis ich gross und erwachsen war. Ich feierte sogar meinen achtzehnten Geburtstag in der Grünau. Für andere war das Kinderheim mehr eine Zwischenlösung, und sie kamen nach einer gewissen Zeit wieder in ihre Familien zurück. Bei mir war das anders. Ich gehörte zu den schwierigen Fällen.

Mein Vater durfte sich mir nicht mehr nähern nach seiner Entlassung. Er probierte es aber trotzdem. Wir mussten manchmal in der Schule die Polizei holen. Er machte mir so eine Angst, dass ich lange, lange keinen Kontakt mehr wollte. Das änderte sich erst, als ich sechzehn wurde. Er schrieb mir damals immer wieder Briefe. Die Heimleitung riet mir immer, nicht auf die Briefe einzusteigen. Aber ich dachte, er hätte sich vielleicht verändert. Vielleicht ist er jetzt lieb und anständig. Als Kind hat man das irgendwie, solche Wunschträume.

Meine Mutter kam ein- oder zweimal mit meinen Grosseltern hoch zur Grünau. Sie hätte mich regelmässig besuchen können, aber sie tat es nicht. Erst als ich volljährig wurde, zeigte sie plötzlich Interesse an mir. Was mich sehr wunderte. Warum jetzt? Auf einmal? Es hat zwischen uns nie wirklich funktioniert. Ich durchschaute ihre Spielchen nie. Vereinbarte Treffen sagte sie kurzfristig wieder ab, oder sie vergass es offenbar. Dann tauchte bei einem Treffen unerwartet mein Vater auf, obwohl ich ihn in der Zeit nicht sehen wollte und Angst vor ihm hatte. Meine Mutter und ich haben immer wieder Meinungsverschiedenheiten. Meine Beziehung zu ihr ist bis heute kompliziert geblieben. Ich kann ihr einfach nicht trauen.

Am Anfang wollten meine Grosseltern mit dem Goof meiner Eltern nichts zu tun haben. Meine Grossmutter war eine echte Muttenzerin – mit blauem Blut. Dass ihre Tochter ein uneheliches Kind zur Welt gebracht hatte, war für sie eine öffentliche Schande. Erst als ich ins Nonnenkloster kam, nahm sie sich meiner an. Daran änderte sich auch nichts, als ich in die Grünau kam. Jedes zweite Wochenende und meine Ferien verbrachte ich bei den Grosseltern. Mein Grossvater war der Sonnenschein in meinem Leben. Er starb, bevor ich achtzehn wurde.

ANITA HAUENSTEIN

Sein Tod war für mich ein ganz tiefer Verlust, den ich lange nicht verdauen konnte.

Bereits in meiner Zeit im Kinderheim lernte ich meine erste grosse Liebe kennen. Ich war damals sechzehn und konnte nach der obligatorischen Schulzeit in der Grünau ein separates Zimmerchen mieten. Wo hätte ich sonst hin sollen? Die Grünau war mein Zuhause. Nach meiner Volljährigkeit erlaubte mir die Vormundschaftsbehörde, mit meinem Freund zusammenzuwohnen. Er war sehr geduldig, mitfühlend und einfühlsam. Das hat mir damals sehr geholfen. Was wäre gewesen, wenn ich damals an den Falschen geraten wäre …? Er war Italiener, die haben Familien gerne, und ich wollte immer eine Grossfamilie, gerade weil ich keine Familie hatte. Sieben Jahre waren wir zusammen. Dann hatte ich keine Geduld mehr. Er wollte noch dies und das. Die Welt sehen, eine Weiterbildung machen. Aber ich wollte jetzt Mami sein, und überhaupt. Ich hatte mich völlig darauf versteift. Deswegen ging unsere Beziehung auseinander.

Danach ging alles ganz schnell: Ich lernte einen anderen Mann kennen und war nach einem halben Jahr schon schwanger. Zuerst bekamen wir einen Jungen, anderthalb Jahre später eine Tochter. Das Schwangersein genoss ich sehr. Auch die Zeit, als die Kinder klein waren. Das war eigentlich die schönste Zeit in meinem Leben.

Als unsere Tochter in die Schule kam, liess ich mich scheiden. Der Vater der Kinder und ich hatten aneinander vorbeigelebt und eigentlich nie zueinander gepasst. Fabian blieb beim Vater. Die Kinder wollten es so. Beim Richter hiess es, wenn es für uns beide so gut sei, sollten wir die Kinder entscheiden lassen.

Mein Vater sah in meinen Partnern immer Rivalen. Er war so unglaublich eifersüchtig auf sie, dass ich den Kontakt völlig abbrach. Als er später seine Enkelkinder kennenlernen wollte, bin ich nur ein Mal darauf eingegangen. Es war mir einfach nicht geheuer: Was, wenn er bei meiner Tochter Hand anlegt?

Als mein Vater im Sterben lag, waren meine Kinder noch klein. Ich war am Spitalbett immer noch so wütend auf ihn, dass sie mich aus dem Spital weisen mussten. Ich hatte wirklich einen Ausraster und sagte zu ihm, jetzt bekomme er die Strafe für das, was er anderen zuleide getan hatte. Meine Mutter, die auch dabei war, las mir nachher gehörig die Leviten: Wie kannst du nur? Sie war meinem Vater hörig. Alle waren ihm hörig. Er starb an Krebs. Vermutlich war seine Sauferei und Schloterei daran schuld. Ich konnte erst richtig ausatmen, als ich wusste, dass er unter der Erde ist. Ich kann mir keinen böseren Menschen vorstellen als meinen Vater.

Entschuldigt hat sich mein Vater nie. Wir haben nie darüber geredet. Er hat es nie zugegeben. Er war immer der Überzeugung, alles, was er gemacht habe, sei recht und ich erzählte einen Seich. Meine Stiefmutter wusste ja auch alles. Jahre später wollte ich von ihr wissen, ob sie in all den Jahren wirklich nichts gemerkt hatte. Sie meinte nur, sie hätte selber so schreckliche Angst vor meinem Vater gehabt. Er hatte sie ja auch geschlagen. Nach meiner Anzeige trennte sie sich von ihm. Es war ihr quasi eine Hilfe. Ich habe heute keinen Kontakt mehr zu ihr.

Manchmal kommt mir unsere Familiengeschichte vor wie ein Rad. Es dreht sich immer ums Gleiche: Meine Mutter hatte eine schlechte Kindheit, bevor sie von meinen Grosseltern adoptiert wurde. Aber sie macht als Mutter das Gleiche. Und dann komme ich und merke, dass ich auch irgendwie versage als Mutter. Ich hoffe, es wiederholt sich bei meiner Tochter nicht. Darum denke ich: «Anita, du musst noch ein bisschen hier bleiben.»

Als ich vor einigen Jahren meine Abstürze hatte, sind schon viele erschrocken. Was? Du? Dabei hatte ich schon in der Grünau Situationen, wo ich dachte: «So, jetzt ist fertig, Schluss, Sense.» Das ist irgendwie in mir drin. Ich weiss auch nicht, wieso. Einmal haute ich ab und wollte mich in Basel umbringen. Daraufhin brachten sie mich in eine Klinik nach Davos, damit ich mich wieder erholen konnte.

Mein Freund ist der Einzige, der mich immer wieder raufholen kann, wenn es mir nicht gutgeht. Aber wir leben nicht zusammen. Er hat zu viel Temperament, und ich bin halt auch nicht eine, die klein beigibt.

Vorher war ich an einen Falschen geraten. Ich war nur sein Arbeitstier. Er wollte einzig, dass ich nach ihm tickerle und tuckerle. Das wurde mir alles zu viel. Bei diesem Zusammenbruch rief meine Tochter beim Notfall an. Daraufhin nahmen sie mir meine Marina weg. Ihr

ANITA HAUENSTEIN

Vater holte sie sofort zu sich. Ich wollte es nicht glauben. Während dieser zwei Monate in der Klinik nahm ich Kontakt zu meinen ehemaligen Heimleitern in der Grünau auf. Ich wusste, dass Margo und Beat die einzigen Menschen waren, die mir jetzt helfen konnten. Beim zweiten Zusammenbruch hat Margo mich eingewiesen, weil sie Angst um mich hatte. Es ist jeweils wie ein letzter Hilfeschrei. Heute weiss ich, dass ich vorher Hilfe holen muss.

Margo und Beat sind für mich meine eigentlichen Eltern. Sie kennen mein ganzes Leben, da muss ich nichts mehr erklären. Egal was, ob Taufe oder Hochzeit, sie waren immer dabei. Und ich auch bei ihnen. Sie gaben mir nach dem Klinikaufenthalt eine Stelle in dem Altersheim, das sie damals leiteten, und ich konnte bei ihnen wohnen, bis ich wieder hundert Prozent arbeiten durfte. Das war vor elf Jahren. Vier Jahre lang kämpfte ich um Marina. Ich musste bei der Vormundschaftsbehörde über mein ganzes Leben das Büchlein auf und zu machen. Erst als mein Ex-Mann einwilligte, wurde es einfach. Seither lebt Marina wieder bei mir.

Wenn mich heute Leute nach meiner Kindheit fragen, erzähle ich natürlich nicht jedes Detail, aber ich erzähle schon. Ich hatte damit nie Probleme. Im Gegenteil, ich sage es auch gerade wegen der vielen Vorurteile: Für viele bedeutet Heim gleich Katastrophe. Bei mir wäre es viel schlimmer gewesen, wenn ich nicht in ein Heim gekommen wäre. Ich wurde deswegen nie abgelehnt, auch später, im Berufsleben, nicht. Nur einmal fand eine Chefin, ich hätte ihr schon beim Vorstellungsgespräch alles erzählen müssen. Das fand ich aber gar nicht. Schliesslich ging es damals um meine beruflichen Leistungen und nicht um mein Privatleben. Sie war richtig beleidigt. Heute arbeite ich in einem Altersheim und bin dort verantwortlich für den Speisesaal.

Mein grösster Wunsch ist, dass Marina einen guten Job bekommt und ich sie gut versorgt weiss. Und dass Fabian noch irgendwo den Knopf auftut. Darum dreht sich momentan eigentlich alles. Aber grosse Träume habe ich keine. Ich bin nicht der Typ, der sagen kann, dann mache ich dies, dann das. Ich nehme es, wie es kommt. Ich habe die gleiche Wanderniere wie mein Vater. Auch er konnte nirgends Wurzeln schlagen. Das Gefühl von «hier bin ich zu Hause» kenne ich bis heute nicht.

DIE UNO-KINDER-RECHTSKONVENTION

DIE KINDERRECHTSKONVENTION DER
UNO VON 1989 UMFASST 54 ARTIKEL.
DARAUS ABGELEITET WURDEN
ZEHN GRUNDLEGENDE KINDERRECHTE:

1. Das Recht auf Gleichbehandlung und Schutz vor Diskriminierung, unabhängig von Rasse, Religion, Herkunft und Geschlecht

2. Das Recht auf einen Namen und eine Staatszugehörigkeit

3. Das Recht auf Gesundheit

4. Das Recht auf Bildung und Ausbildung

5. Das Recht auf Freizeit, Spiel und Erholung

6. Das Recht, sich zu informieren, sich mitzuteilen, gehört zu werden und sich zu versammeln

7. Das Recht auf eine Privatsphäre und eine Erziehung im Sinne der Gleichberechtigung und des Friedens

8. Das Recht auf sofortige Hilfe bei Katastrophen und Notlagen und auf Schutz vor Grausamkeit, Vernachlässigung, Ausnutzung und Verfolgung

9. Das Recht auf eine Familie, elterliche Fürsorge und ein sicheres Zuhause

10. Das Recht auf Betreuung bei Behinderung

SERGIO DEVECCHI wurde 1947 als uneheliches Kind geboren und wuchs in verschiedenen Kinder- und Jugendheimen auf. Er studierte Sozialpädagogik und arbeitete fast vierzig Jahre als Sozialpädagoge und Heimleiter in diversen Jugendheimen. Fünf Jahre präsidierte er den Schweizerischen Fachverband für Sozial- und Sonderpädagogik Integras. Zu seiner eigenen Heimbiografie bekannte er sich öffentlich erst kurz vor seiner Pensionierung 2009.

«Es ist untolerierbar, Kinder ihrer Kindheit zu berauben.»
Giovanni Bonalumi

EIN RÜCKBLICK AUF
SECHZIG JAHRE «HEIMLEBEN»

Dieser Text ist eine Reise durch sechzig Jahre Heimerziehung. Es sind meine persönlichen Erinnerungen und Erlebnisse, die ihm den Rahmen geben. Sie unterscheiden sich in manchem von den Lebensgeschichten der neun Menschen, die in diesem Buch zu Wort kommen. Gleichwohl sind Parallelen und Überschneidungen auszumachen. Die Heimerziehung hat sich in den letzten Jahrzehnten gewandelt, vieles ist jedoch unverändert geblieben.

«OH, DIESE BUBEN…» (1954)*

Was unterscheidet heute ein Heimkind von einem Familienkind? Optisch nichts. Im Gegensatz zu früher kleidet sich das Heimkind zeitgemäss. Es wird gleichberechtigt beschult, geht ins Ballett oder reitet Pferde. Es besucht, wenn Bub, vielleicht einen Kampfsport oder spielt Fussball. Das Heimkind kennt sich in der Musikszene aus, streamt Titel auf den iPod und bearbeitet mit aller Selbstverständlichkeit das eigene Profil auf Facebook. Will heissen: Das Heimkind hat sich emanzipiert. Es trägt kein sichtbares Stigma mehr, was gut ist.

---

*Die Zitate sind Titel von Vorträgen, die seit 1927 an jährlichen Fortbildungstagungen gehalten wurden, angeboten vom Schweizerischen Verband für erziehungsschwierige Kinder und Jugendliche – heute Fachverband für Sozial- und Sonderpädagogik Integras.

«ANSTALT HEUTE» (1939)

Denn vor nicht allzu langer Zeit, in den 40er-, 50er- und 60er-Jahren des letzten Jahrhunderts, war alles anders. Man erkannte das Heimkind auf der Strasse – wenn es überhaupt mal öffentlich in Erscheinung trat – an seinem Äusseren. Meist trug es geschenkte Kleider aus zweiter Hand, nichts Modisches, aber fest im Stoff. Wochentags Arbeitskleider und grobes Schuhwerk. Im Sommer – und der dauerte, nach Definition des Heimvaters, von April bis Oktober – «durfte» es barfuss gehen, der Gesundheit zum Wohle. Nur sonntags, zum Kirchgang, da trug das Heimkind ein festliches Gewand: Knickerbockers! Die waren verhasst, weil Familienkinder schon lange mit Bügelfalten, Röhrenhosen und Jeans prahlten. Nach der Sonntagspredigt verschwanden die Knickerbockers und die dazugehörige gleichstoffliche Jacke nach gründlicher Reinigung wieder im Schrank. Die Haare des Heimbuben wurden kurz gehalten. Das Heimmädchen trug sie zusammengebunden und ordentlich aufgesteckt. Und immer roch der Heimbub nach Stall. Überall, in der Schule, im Konfirmandenunterricht, in der Kirche, beim Essen oder beim seltenen Spielen. Der Geruch von Mist und Gülle war allgegenwärtig. Die Kleider waren durchdrungen davon und auch die Poren seiner Haut. Die Mädchen rochen nach Seife und Waschpulver, denn es war ihre Aufgabe, die Heimwäsche zu kochen. Geduscht oder gebadet wurde einmal in der Woche, samstags! Es sei denn, das Heimkind nässte ein. Dann wurde es aufgefordert, mitsamt der nach Urin riechenden Bettwäsche und unter den Augen seiner Mitzöglinge, einem Spiessrutenlauf gleich, den weiten Weg zur Waschküche zu gehen und dort die Leintücher und sich selber mit kaltem Wasser zu reinigen.

«SELBSTVERWALTUNG UND SELBSTGESTALTUNG» (1952)

Heimkinder hatten keinen Zugang zur Gesellschaft. Sie lebten abgeschottet unter sich. Ihr Alltag spielte sich hinter den Mauern der Anstalt ab. Das kleine und grosse Weltgeschehen blieb ihnen weitgehend verborgen. Heimkinder hatten keinen Radioempfang und durften keine Musik hören, von Zeitungen und Zeitschriften ganz zu schweigen. Sie wuchsen fern der damaligen Realitäten auf.

«HERKUNFT UND VERÄNDERUNGEN IN DER ENTWICKLUNG DER HEIMKINDER» (1986)

Eine grosse Zahl der Heimkinder und Heimjugendlichen waren unehelich geboren worden. «Illegal Geborene», wie sie im lateinischen Sprachraum noch heute genannt werden. Viele von ihnen kannten weder Mutter noch Vater. Sie wuchsen ohne verlässliche Familienbindungen auf. Besuch war selten. Wenn der Vormund mal vorbeischaute, so interessierte er sich wenig für das Mündel. Eher sass er mit den Heimeltern zu Tisch, ass und trank mit ihnen, als dass er sich um die Sorgen und Nöte des Kindes kümmerte. Versorgt wurde schnell und unbürokratisch. Meist für die Dauer eines Kindslebens und ohne Einwilligung der Mutter. Die frühe Entwurzelung und Muttertrennung führte bei vielen Heimkindern zu seelischen Mangelerscheinungen, die sie auf ihre eigene Art zu kompensieren versuchten, mit Bettnässen oder Schlafschaukeln.

«GEHORCHEN UND DIENEN» (1945)

Die allermeisten Heime und Anstalten standen in der Pflicht der Kirche. Der Staat kümmerte sich wenig um das Innenleben dieser Institutionen. Er war froh und dankbar, wenn selbst ernannte Pädagogen, denen in der Regel eine adäquate Ausbildung fehlte, diese Aufgabe übernahmen. Ihr Leitbild: Beten und arbeiten! Die fundamental-religiöse Alltagserziehung war streng und unerbittlich. Bibelkunde am Morgen, Bibelkunde am Abend. Dazwischen Gebete. Das Kind lernte früh und nach Massgabe der Heimeltern, zwischen Gut und Böse zu unterscheiden. Böse waren Mutter und Vater, die es gezeugt und dann verlassen hatten. Böse waren die Gedanken des Zweifelns, die Sehnsüchte nach Familie, Geborgenheit, Liebe und Berührung. Böse war die Entdeckung der keimenden eigenen Sexualität, und böse waren auch die ersten scheuen Blickkontakte zum anderen Geschlecht. Böse war alles, was Lust machte. Das Heimkind lebte in ständiger Angst, die streng religiösen Moralvorstellungen in Gedanken zu verletzen und nicht zu genügen. Alles wurde der Frömmigkeit untergeordnet. Das Heimkind hatte immer dankbar zu sein. Dankbar, dass es zu Essen bekam, dankbar, dass es ein Bett hatte, und dankbar, dass es Kleider tragen und arbeiten durfte. Es durfte nie klagen und anklagen, keine Wut und keine Trauer zeigen und sich nichts wünschen. Das Heimkind hatte zu gehorchen! Eine Ich-stärkende Erziehung, die zum Ziel gehabt hätte, das Selbstvertrauen und das Selbstwertgefühl des Kindes zu fördern, fehlte. Stattdessen wurde mit strenger Hand jegliche Verfehlung geahndet. Demütigungen wie Essensentzug, Schläge, Zimmerarrest oder das Abschneiden der Haare wurden konsequent als Korrektionsmittel eingesetzt. Das Heimkind hatte keine Mitsprache und keine Möglichkeit der Verteidigung. Es stand alleine da und lernte so schon früh, was Einsamkeit bedeutet.

«SCHWERERZIEHBARKEIT UND INTELLIGENZ» (1947)

Der Schulbildung der Heimkinder schenkte man wenig Aufmerksamkeit. Denn immer, wenn sie die Schulbank drückten, fehlte ihre Arbeitskraft im Hof und auf dem Feld. Man begnügte sich damit, die Heimkinder einigermassen unbeschadet durch die obligatorischen Schuljahre zu schleusen. Unterrichtet wurden sie in klassenübergreifenden Grossgruppen, vornehmlich von den gleichen Mitarbeitenden, den sogenannten Onkeln und Tanten, die sie am Morgen aus den Betten holten und am Abend wieder ins Bett brachten. Hauptlehrer war in vielen Fällen der Hausvater selbst. Er war omnipräsent und omnipotent und in allen Dingen des Heimgeschehens die letzte Instanz. Die wenigsten Heimkinder hatten das Glück, in die Sekundarschule aufzusteigen, und ganz selten bis nie durfte ein Heimkind in die Kantonsschule oder ins Gymnasium wechseln. Wenn doch, dann war es einem sogenannten Onkel, einer sogenannten Tante oder dem Heimvater zu verdanken, bei denen das Heimkind in besonderer Gunst stand. Auch im Schulzimmer war der Herrgott allgegenwärtig. Bevor man zum Pflichtunterricht schritt, wurde gebetet, gesungen und in der Bibel gelesen. Die Schulpausen nutzte man für die körperliche Ertüchtigung. Der kindlichen Spiellust schenkte man keine grosse Aufmerksamkeit. An schulfreien Tagen und in den Schulferien wurde gearbeitet. Fürs Spielen blieb einzig der Sonntagnachmittag, es sei denn, das Heu musste eingebracht oder das Obst geerntet werden.

«FELDARBEIT ALS ERZIEHUNGSMITTEL» (1950)

Ja, die Arbeit. Sie dominierte den Alltag der Heimkinder von morgens früh bis zum Eindunkeln, sechs Tage die Woche. Zu jeder Jahreszeit und bei jeder Witterung sah man feingliedrige Buben und Mädchen in den weitläufigen Feldern und Gärten beim Schuften. Sie säten aus, jäteten und ernteten, was das Zeug hielt, und dies immer unter strenger Kontrolle und Aufsicht ihrer Erzieher. Es war staatlich tolerierte Kinderarbeit, die da von Buben und Mädchen geleistet wurde, ohne Entschädigung und ohne Dank! Die Heime waren auf die «Mitarbeit» der Heimkinder angewiesen. Nur so konnten sie überleben, denn die bescheidenen Kostgelder reichten für den Betrieb des Heimes bei Weitem nicht. Die Arbeit war aber nicht nur Selbstzweck, sie war auch pädagogisches Programm. So kamen die Heimkinder nicht auf schlechte Gedanken. Die Zöglinge mussten früh an ein arbeitsames und bescheidenes Leben herangeführt werden, denn das war ihre Zukunft! Die strenge körperliche Arbeit hat bei vielen Heimkindern Spuren der Zerstörung hinterlassen – an Körper und Seele.

«ANSTALTSZÖGLINGE UND EIGENTUM» (1953)

Heimkinder wuchsen in Grosskollektiven auf. Sie assen in Speisesälen und schliefen in Schlafsälen. Der Kirchgang und der Spaziergang am Sonntag geschahen immer in grosser Formation. Auch das Duschen am Samstag erwarteten die Heimkinder in Kolonne. Ein privater Rückzug war ihnen nicht erlaubt, es fehlte auch die räumliche Struktur hierfür. Für die wenigen persönlichen Sachen stand ihnen ein kleines Nachttischchen neben dem Bett zur Verfügung. Darauf oder darin hatte vielleicht ein Leuchtkäfer Platz, den das Heimkind im Sommer draussen auf der Wiese gefangen hatte, oder ein Jesusbild, das ihm geschenkt wurde. Kleider, Schuhe, Schulmaterial und die wenigen Spielsachen wurden in gesonderten Räumen unter Verschluss gehalten und nur dann herausgegeben, wenn die Notwendigkeit gegeben war. Die seltenen Süssigkeiten, die das Heimkind vom Götti, von der Gotte oder selten vom Vormund zum Geburtstag und an Weihnachten geschenkt bekam, landeten im Korb der Allgemeinheit und wurden vom Hausvater, nach von ihm definierten Spielregeln, an alle verteilt. Der

Verzehr einer Tafel Schokolade zum Beispiel konnte so durchaus Wochen oder Monate in Anspruch nehmen.

«SPARMASSNAHMEN UND RICHTIGE ERNÄHRUNG» (1939)

Die Ernährung war gesund! Auf dem Teller fand das Heimkind all das wieder, was es in harter Arbeit gepflanzt, gesät und geerntet hatte. Kartoffeln in allen Variationen, Gemüse, Getreide. Selten Fleisch. Zur Stärkung der Knochen gab es im Winter flüssigen Lebertran, der im morgendlichen Haferbrei landete, sollte sich das Heimkind verspätet haben. Der Kaffee und das Konfibrot blieben dem Hausvater vorbehalten.

«PROBLEME DER NACHGEHENDEN FÜRSORGE IM HEIM» (1962)

Die grösste Herausforderung für das Heimkind war die «Zeit danach». Sowenig während des Heimaufenthaltes darüber geredet wurde, *woher* es kam, sowenig wurde mit ihm die Frage nach dem *Wohin* erörtert. Irgendwann stand einfach sein Köfferchen mit den wenigen Habseligkeiten bereit. Viele Heimkinder wurden als Verdingbuben zu Bauern vermittelt, wo sie strenge Knechtarbeit zu verrichten hatten. Die Privilegierteren unter ihnen durften – durch Vermittlung des Vormundes – eine Lehre beginnen, meist in handwerklicher Richtung oder in der Landwirtschaft. Gross war die Zahl der ehemaligen Heimkinder, die bei Heimaustritt in eine Einsamkeitsfalle rutschten, von der sie sich, wenn überhaupt, nur schwer erholten. Bittere Armut, Ausgrenzung und Isolation waren die Folgen. Nun standen sie alleine und verlassen da. Das Heimweh und die Trauer ob des Verlustes des wärmenden Stalles, der Tiere und der Gemeinschaft von Menschen waren immens. Eine Nachgehende Fürsorge, eine Beratungs- und Anlaufstelle oder gar eine therapeutische Unterstützungsmöglichkeit fehlten.

«HEIM UND ÖFFENTLICHKEIT: INFORMATIONS-
MÖGLICHKEITEN UND INFORMATIONSPFLICHT» (1968)

Und dann, endlich, kam Bewegung in die Heime. Sie erschütterte
das selbstgefällige Selbstbewusstsein vieler sogenannten Heimväter
und Heimmütter und löste landesweit eine heftige Diskussion darüber
aus, was Heimerziehung darf und was nicht. Parallel zu den Studenten-
unruhen der 60er-Jahre wuchs die Kritik an den ungeeigneten, herab-
würdigenden und willkürlichen Erziehungsmethoden in den Heimen.
Es entstand der Begriff der «schwarzen Pädagogik», womit auf «die
Installation eines gesellschaftlichen Über-Ichs im Kind, auf die Heran-
bildung einer grundsätzlichen Triebabwehr in der Psyche des Kindes,
die Abhärtung für das spätere Leben und die Instrumentalisierung von
Körperteilen und Sinnen zugunsten gesellschaftlich definierter Funk-
tionen» hingewiesen wurde. Die Anklage gegen die Heimerziehung der
schwarzen Pädagogik lässt sich nicht treffender auf den Punkt bringen,
als es Giovanni Bonalumi 1954 in seinem autobiografischen Roman
«Die Geiseln» tut: «Es ist untolerierbar, Kinder ihrer Kindheit zu berauben.»

1970 produzierte Ulrike Meinhof den Film «Bambule», in dem sie
den autoritären Methoden in der damaligen Heimerziehung ein Gesicht
gab. Sie löste damit, nicht nur in Deutschland, eine Protestbewegung
aus, die unter dem Namen «Heimkampagne» berühmt werden sollte.
Auch in der Schweiz erschütterte die Heimkampagne das Anstalts-
wesen. Begleitet wurde sie von der Betroffenenliteratur eines Carl Albert
Loosli, der schon in den 30er-Jahren in seinem Werk «Anstaltsleben»
die Heime an den Pranger gestellt und Reformen gefordert hatte. Arthur
Honegger und Alexander Ziegler folgten in den 70er-Jahren mit ihren
Anklagebüchern «Die Fertigmacher», «Kein Recht auf Liebe» und mit
dem Theaterstück «Willkommen in Marienthal». Die «Roten Steine»,
eine politische Rockgruppe, Aktivisten aus der Studentenbewegung und
linke junge Juristen mischten kräftig mit. Sie halfen Jugendlichen zur
Flucht, boten ihnen temporär Unterkunft an und prangerten in Mani-
festen das selbstherrliche Machtgebaren der Heimverantwortlichen
schonungslos an. Endlich wurde öffentlich ausgesprochen, was Heim-
insassen während vieler Jahre in stiller Demut erdulden mussten. Miss-

bräuche aller Art, Schläge im Namen des Herrn, Essensentzug, Kinderarbeit, religiöse Beeinflussung und dergleichen mehr. In der dunklen
Zeit der «schwarzen Pädagogik» hatten die Scham und die verinner-
lichte Schuldzuschreibung den Heimkindern den Mund verschlossen
und möglicherweise sogar die Erinnerung. Nun waren es die «Täter»,
denen Schuld zufiel ob dem Leiden, das sie den ihnen anvertrauten
Kindern und Jugendlichen angetan hatten, statt ihnen Unterstützung,
Hilfe und Geborgenheit zu bieten. Endlich wurde den Betroffenen
Raum für die Erzählung gewährt. Einige der Heimkinder, die lange
geschwiegen hatten, aus Scham, aus anerzogener und falsch verstande-
ner Bescheidenheit, aus dem Gefühl heraus, an allem selber schuld
gewesen zu sein, wollten nun reden. Die meisten aber blieben stumm.
Und sie finden bis heute keine Worte, um das ihnen zugefügte Leid zu
umschreiben und Genugtuung zu fordern. Viele Heimkinder liessen ihre
Heimvergangenheit bis ins hohe Alter im Dunkeln, aus Angst, erneut
benachteiligt zu werden. Der Preis: eine verleugnete eigene Biografie,
mit der sich das Heimkind ein Leben lang nicht zu identifizieren ver-
mochte.

«ATMOSPHÄRE ALS ZWISCHENMENSCHLICHE REALITÄT» (1967)

Immerhin, die Folgen der Heimkampagne zeigten Wirkung, auch
wenn Verantwortliche der Heimerziehung den Einfluss der Protestbewegung auf die Reformen für gering hielten. Wie wohl auch! Hätten
sie das Gegenteil eingestanden, es wäre einem Schuldbekenntnis gleich-
gekommen. Aus Schlafsälen sind damals Zimmer, aus Speisesälen Ess-
zimmer und aus Aufenthaltsräumen Stuben geworden. Heimväter und
Heimmütter, sogenannte Onkel und Tanten, Patres und Schwestern,
wurden Heimleiter, Heimleiterinnen, Erzieher und Erzieherinnen. In
den Schulstuben unterrichteten Lehrer. Das Heimkind durfte sich nun
kleiden, wie das Familienkind sich kleidet, und die Arbeit war nicht
mehr so streng. Man begann, dem Heimkind zu erklären, warum es im
Heim war. Für die Aufarbeitung seiner traumatischen Kindheitserleb-
nisse installierte man, flankierend zur pädagogischen Arbeit, psycho-
logische und therapeutische Programme. Fortan standen weniger die

Institution und ihre Repräsentanten im Mittelpunkt, sondern das Heimkind mit seinen Problemen. Die öffentliche Hand, die lange Zeit be-
schämend abseitsstand, griff ins Geschehen ein. Sie erkannte, dass
Kinder und Jugendliche, die ohne Eltern aufwuchsen, die schützende
Hand des Staates benötigten, weshalb sie ihre Staatsbeiträge an fachliche Rahmenbedingungen knüpfte und die Kontrollen in den Heimen
verstärkte. Interessant ist auch ein sprachliches Detail, das mit den Reformen einherging. Mit der Bezeichnung «Heim» versuchte man in den
70er-Jahren den Ausdruck «Anstalt» zu ersetzen, wohl deshalb, weil
dieser in der Öffentlichkeit anrüchig geworden war – nicht zuletzt dank
dem Einfluss der Heimkampagne und der Medien. Heute spricht in
Fachkreisen fast niemand mehr vom «Erziehungsheim». An seine Stelle sind sozialpädagogische Kompetenzzentren, Jugendsiedlungen, therapeutische Gemeinschaften, Institutionen der stationären Kinder- und
Jugendhilfe und Berufsbildungsheime getreten. Doch «Heim» bleibt
«Heim». Die breite Öffentlichkeit nimmt es immer noch als Ultima
Ratio wahr, als Ort, wo böse Buben und Mädchen versorgt werden –
und als Metapher, mit der im Familienalltag unangepassten Kindern
gedroht werden kann.

«HEIMERZIEHUNG, ORGANISIERTE ERZIEHUNG» (1985)

Höhere Fachschulen und Fachhochschulen bildeten wacker Heim-
erzieher, Heimerzieherinnen, Sozialpädagogen und Sozialpädago-
ginnen aus, worauf die Qualität der Arbeit in den Heimen erheblich
verbessert wurde. Auch die Universitäten entdeckten das Heim als For-
schungsfeld. Was in den Nachkriegsjahren schon längst hätte untersucht
werden sollen, ist in den 70er-Jahren nachgeholt worden, nämlich, welche Wirkung eine Ich-stärkende Erziehung beim Kind und Jugendlichen
auszulösen vermag. Denn die auf Reglementen und starren Positionen
verharrende Heimerziehung beherrschte das Feld noch lange. Es ist der
Universität Zürich Lob dafür zu zollen, dass sie trotz Widerständen
vieler Heimleitenden dem Forschungsprojekt gegenüber, wissenschaftlich nachweisen konnte, dass «die auf ‹Ich-Stärkung› ausgerichteten
Heime einen wesentlichen Beitrag zur Steigerung der Selbstkontrolle

ihrer Insassen leisteten. Dieser Befund ist bedeutsam, weil mangelnde Selbstkontrolle ja oft als Einweisungsgrund in ein Heim angeführt wird.»

Es ist klar zu begrüssen, dass sich die Heimerziehung überholter Zöpfe entledigt hat und heute in modernem Gewand daherkommt: Die Ausbildungsquote des Personals in den Heimen ist hoch. Die Wohngruppen ähneln immer mehr Grossfamilien. Die pädagogisch-therapeutischen Massnahmen werden gezielt auf die Bedürfnisse der einzelnen Kinder und Jugendlichen abgestimmt. Auch die Bildungschancen von Heimkindern haben sich verbessert. Sie lassen sich durchaus mit den Möglichkeiten von Familienkindern vergleichen.

«ERZIEHUNGSVERANTWORTUNG TROTZ ALLEM» (1983)

Doch muss auch auf die Schattenseite dieses erfolgreichen Prozesses hingewiesen werden. Was von Staates wegen verlangt, gefördert und gefordert wurde, wird nun von Staates wegen wieder in Frage gestellt. Denn Heimerziehung ist teuer geworden, zu teuer, sagen Behörden. Man betrachtet die Fremdplatzierung immer mehr durch das Geldglas. Weil die Gemeinden dafür zuständig sind, müssen sie auch für die hohen Heimkosten aufkommen. Kleinere Gemeinden sind heute dazu kaum in der Lage. Will heissen, man weicht auf billigere Angebote aus. Mehrere tausend Kinder und Jugendliche sind heute wieder bei Bauern und Pflegefamilien fremdplatziert, die kaum über das nötige Fachwissen verfügen. Meist stammen diese Kinder und Jugendlichen aus schwierigen Verhältnissen. Die Sozialbehörden der Gemeinden delegieren die Platzierung und Betreuung immer häufiger an private Firmen. Das Geschäft ist lukrativ, und die Kontrollen sind meist lasch. In den meisten Kantonen brauchen solche Firmen nicht einmal eine Bewilligung. Nicht selten geht bei diesem Geschäft das Kindswohl verloren. Ein modernes Verdingkinderwesen? Es scheint fast so. Solange die gesetzlichen Bestimmungen auf Bundesebene fehlen, so lange wird man dieser skandalösen Vermittlungspraxis nicht Herr werden. Zu leiden haben einmal mehr Kinder und Jugendliche, die keine Möglichkeit haben, ihre Bedürfnisse und ihre Wünsche adäquat zu formulieren und anzubringen.

Wie gesagt: Heute unterscheidet sich das Heimkind äusserlich nicht mehr vom Familienkind. Und doch: Es leidet nach wie vor darunter, dass es kein Familienkind sein darf. Es fühlt sich minderwertig und schuldig. Das Heimkind ersehnt sich immer Vater und Mutter an seine Seite, es träumt von Familie und häuslicher Geborgenheit und hofft, dass sich dieser Traum, dieses Glück, eines Tages einstellen möge. Das Heimkind trägt ein Leben lang unsichtbare Narben von Verletzungen in sich, verursacht durch ungewollte Trennungen, Entwurzelungen und Enttäuschungen. Es wird fortwährend von der Angst begleitet, das im Laufe des Lebens zaghaft gewonnene Vertrauen zu Menschen und zur Heimat wieder zu verlieren. Heimat, verstanden als Orientierungssicherheit und als verlässliche Beziehungen und Erfahrungen.

KARL DIETHELM studierte Pädagogik und Psychologie und hat auf dem Gebiet der Säuglingsforschung promoviert. Er leitet seit fast zwanzig Jahren das Sonderpädagogische Zentrum Bachtelen in Grenchen. Den Fachverband Sozial- und Sonderpädagogik Integras präsidiert er seit 2010.

DAS SCHATTENBILD VOM HEIM

Herr Diethelm, wie lebten Sie in den 70er-Jahren, als es in den Schweizer Heimen zu grossen Umwälzungen kam und die sogenannte Heimkampagne so richtig Fahrt aufnahm?

Vom Aufbegehren der Jugendlichen erfuhr ich, als ich Schüler in einem Internat war. Wir selber waren ja alle nicht fremdplatziert, fühlten uns dadurch aber in unseren kleinen Protesten bestärkt. Später wurde die Heimkampagne während meines Studiums Thema. Erst als ich ins Bachtelen kam, habe ich mich jedoch richtig damit auseinandergesetzt. Mein Vorgänger, Anton Meier, war in den 70er-Jahren sehr in das Ganze involviert.

Auch wenn sich die Kinderheime in ihrer Ausrichtung und ihrem Umgang mit Kindern sehr gewandelt haben, fällt es heute noch ganz vielen Menschen schwer, zu ihrer eigenen Heimgeschichte zu stehen. Die Angst vor der Stigmatisierung ist geblieben. Wie erklären Sie sich das?

Das ist wirklich ein Phänomen. Eine einfache Erklärung gibt es dafür wohl nicht. Zum einen gibt es in jedem Kind einen ganz tiefen Wunsch, zu Hause bei seinen Eltern zu sein. Nicht zu Hause zu leben, empfindet das Kind als etwas, was nicht richtig, was falsch ist. Gerade sehr kleine Kinder tendieren dabei sehr schnell zu Schuldgefühlen. Zum anderen habe ich manchmal den Eindruck, dass die Gesellschaft selber solche

Schattenheime braucht – so als Gegenstück zur intakten, guten Familie. Auf das Schattenbild «Heim» kann dann all das projiziert werden, was nicht mit dem Idealbild der intakten Familie übereinstimmt. Das erlebe ich teilweise auch hier in Grenchen. Die Institution ist zwar sehr verwurzelt, es ist wirklich viel Goodwill da. Und trotzdem existiert auch hier immer noch das Bild von den «bösen Buben», die man hier platziert. Mit dem Heim wird Kindern auch nach wie vor gedroht: «Wenn du nicht folgst, kommst du ins Bachtelen.» Da staune ich immer wieder.

Was auch bei den neun Lebensgeschichten in diesem Buch auffällt, ist die enorme Sehnsucht nach den Eltern – egal ob die Beziehung zu ihnen sehr schwierig oder fast unmöglich ist.

Das ist tatsächlich so, auch bei den rund fünfzig Kindern und Jugendlichen, die hier bei uns im Bachtelen intern wohnen. Darum sollte der Kontakt zu den Eltern immer auf irgendeine Art aufrechterhalten bleiben. Diese Sehnsucht ist einfach da, und ihr muss Rechnung getragen werden.

Sie sind ja bereits seit zwanzig Jahren Leiter des Sonderpädagogischen Zentrums Bachtelen. Stehen Sie noch mit vielen Ehemaligen in Kontakt?

Die meisten Kinder und Jugendlichen waren zwei bis fünf Jahre in der Bachtelen. In den ersten zwei Jahren nach dem Austritt kommen sie in der Regel nicht vorbei. Da sind sie erst mal draussen und geniessen es. Später jedoch schon. Wir veranstalten alle vier, fünf Jahre einen Ehemaligen-Tag, der immer sehr gut besucht ist. Das letzte Mal besuchte uns eine über hundert Jahre alte Frau aus Basel in Begleitung ihrer Tochter. Sie hatte die Zeit hier – so vermute ich – als sehr ambivalent erlebt. Bachtelen war damals noch von Nonnen geführt worden. Aber sie wollte das alles nochmals sehen.

Zurzeit werden im Bachtelen – neben den fünfzig Internen – über 400 Kinder betreut. Entwickelt sich da ein Wir-Gefühl, so ein Verbundenheitsgefühl wie in einem Internat? Vielleicht sogar ein gewisser Stolz?

Ich glaube, nicht im gleichen Mass. Es gibt zwar eine Facebook-Gruppe. Jeder hat sicher auch später noch so sein Grüppchen. Aber so als «Bachteler» ... – nein. Das ist wohl zum Teil stark mit Scham besetzt. Bei den ehemaligen internen Schülerinnen und Schülern, die lange Zeit auf der gleichen Wohngruppe lebten, gibt es sicher eher so ein Wir-Gefühl. Die treffen sich teilweise auch regelmässig.

Dieses Buch heisst «Kinderheim statt Kinderzimmer». Dabei ist der Begriff «Kinderheim» heutzutage in Fachkreisen verpönt. Warum eigentlich?

Das stimmt. Auch wir haben diesen Namen abgelegt und nennen uns heute Sonderpädagogisches Zentrum Bachtelen. Eigentlich wäre Kinderheim ja ein schöner Name – ein Daheim für Kinder. Aber es ist eben nicht das klassische Daheim. Da kommen wir auf dieses Gegenbild zurück: auf der einen Seite das Zuhause und auf der anderen das Kinderheim. Das eine ist individuell, emotional, das andere kollektiv. Bei uns haben die meisten Kinder inzwischen ein Einzelzimmer. Früher war das nicht so. Dennoch haben die Zimmer eine gewisse Uniformität. Einige von uns würden wohl sagen, «das ist mein Zimmer». Aber niemand würde von seinem «Kinderzimmer» sprechen. Das Kinderzimmer ist bei den Eltern.

Wo sehen Sie in der Heimarbeit besondere Knacknüsse?

In der Fremdbetreuung stehen wir immer in Spannungsfeldern, und es ist eine Illusion, zu glauben, dass diese aufgelöst werden könnten. Ein typisches Beispiel ist die Frage, wie intim die Beziehung zum Kind sein darf. Es hat ja auch noch Eltern. Gleichzeitig brauchen Kinder Geborgenheit und Nähe. Wir dürfen hier nicht die Eltern konkurrenzieren, egal, wie belastend die Situation zu Hause ist. Ich habe eigentlich noch nie erlebt, dass Eltern nicht das Beste für ihr Kind wollen – auch wenn sie in ihren eigenen Grenzen gefangen sind. Aber es gibt auch eine Gefahr in die andere Richtung, dass die Betreuenden sehr distanziert wirken, dass man vor lauter Professionalität gar nicht mehr wagt, auf ganz wichtige Bedürfnisse des Kindes einzugehen. Das ist für die Sozialpädagogen eine enorm grosse Herausforderung.

Eine Gratwanderung also. Ist es das auch in anderer Hinsicht?
Ja, durchaus. Ich nenne Ihnen ein weiteres Beispiel: Wir müssen hier einerseits eine Insel sein. Die Kinder, die zu uns kommen, haben zum Teil ganz Furchtbares erlebt, waren teils Opfer, teils Täter. Wir müssen ihnen Schutz bieten. Gleichzeitig müssen wir sie zurück ins Leben führen. Wir dürfen sie nicht einfach abkapseln. Bei unserer Arbeit müssen wir uns immer wieder bewusst werden, dass wir in diesen Spannungsfeldern nicht die richtige, sondern nur die bestmögliche Variante finden können.

Von aussen wird eine Platzierung in einem Kinderheim als letzte Lösung wahrgenommen, wenn die Eltern nicht mehr weiterwissen oder wenn die Sozialbehörde das Zepter übernommen hat. Ganz nach dem Motto: Wenn beim Kind nichts mehr greift, solls das Heim richten. Deckt sich diese Aussensicht mit Ihrer Erfahrung?
Ultima Ratio – das ist im Normalfall schon so. Es ist ja grundsätzlich positiv, dass heute zuerst geschaut wird, wie die Eltern gestärkt werden können, und die ambulanten Massnahmen ausgeschöpft werden. Die negative Seite dieser Entwicklung ist, dass niemand mehr wagt, das Richtige zur rechten Zeit zu tun – sei das nun die Behörde oder der schulpsychologische Dienst. Wir haben auch die Erfahrung gemacht, dass wir Kinder viel früher hätten zurückkoppeln können, wenn sie früher zu uns gekommen wären. Ich wünschte mir, dass bei den Abklärungen viel genauer hingeschaut würde.

Woran scheitert denn die sorgfältige Abklärung?
In der Schweiz gibt es kein einheitliches Abklärungsverfahren für Platzierungen. Dazu kommt oft noch der Zeitdruck, unter dem die Behörden stehen. Aber eigentlich wäre es absolut zentral, die Abklärungen extrem sorgfältig zu machen. Dazu gehört auch, abzuklären, was es für Ressourcen gibt. Es ist immer wieder überraschend: Da taucht plötzlich eine Grossmutter auf, zu der das Kind eine total gute Beziehung hat, aber niemand hat es gewusst.

Um sorgfältig arbeiten zu können, müssen die Behörden genügend Mittel zur Verfügung haben und die nötige Professionalität. Ideal wäre zudem, wenn es für die ganze Schweiz einen verbindlichen Leitfaden gäbe. Die Abklärung kann dann ja immer noch individuell gestaltet werden. Aber es darf einfach nicht sein, dass Platzierungen von einer einzelnen Person abhängig sind.

2013 tritt das neue Kindes- und Erwachsenenschutzrecht in Kraft. Ab dann müssen in der ganzen Schweiz die Vormundschaftsbehörden neu mit Fachpersonen besetzt werden. Ist das ein erster Schritt in die richtige Richtung?
Das ist sicher schon ganz viel wert. So werden auch grössere Einheiten geschaffen und werden die Abklärungen vermehrt interdisziplinär angegangen, was uns ein grosses Anliegen ist. Die einzelnen Fälle sind so komplex, dass mindestens vier Augen draufschauen müssen. Ich würde mir das als Einzelperson nie zutrauen.

In den neun Porträts zieht sich ein Thema durch alle Geschichten: das Gefühl der Recht- und Schutzlosigkeit. Welche Rolle können und sollen die Institutionen hierbei einnehmen?
Heimerziehung hat immer einen kollektiven Charakter. Da bleibt subjektiv unweigerlich das Gefühl zurück, manipuliert zu werden. Das Einzige, was wir hier machen können, ist, die Partizipation der Kinder zu ermöglichen, immer wieder zu versuchen, die Kinder einzubeziehen, oder ihnen zumindest zu erklären, warum welche Entscheide gefällt worden sind. Was auch hilft, ist, den Kindern wirklich zuzuhören. Oft erzählen sie vielleicht eine fantastische Geschichte, hinter der sich aber ein ganz tiefer Wunsch versteckt. Im Alltagsgeschäft wird das schnell vergessen.

Sie sind Präsident des Fachverbands Sozial- und Sonderpädagogik Integras. Welche Thematik steht bei Ihnen ganz oben auf der Prioritätenliste?
Ein ganz wichtiges Thema sind bei allen Fremdplatzierungen die Kinderrechte. Hier ist die Sensibilisierung für die Thematik an sich zentral. Es sagt zwar niemand Nein zu den Kinderrechten. Aber wie setzt man diese konkret um in einem Heim oder in einer Pflegefamilie? Hier wol-

len wir wirklich fachliche Hilfe und Unterstützung bieten. Ich erlebe die Tendenz, dass zum Beispiel aus Spargründen in Heimen Personen angestellt werden, die kaum oder ungenügend ausgebildet sind. Da müssen wir als Fachverband unbedingt Gegensteuer geben. Ein anderes Beispiel sind die Familienplatzierungs-Organisationen. Das ist ein riesiger Markt. Diese Tatsache an sich ist schon problematisch. Hier braucht es dringend verbindliche Qualitätsstandards. Hinzu kommt ein neues Phänomen: die sogenannten assoziierten Plätze. Das bedeutet, dass Heime beispielsweise bei einer Bauernfamilie Plätze haben und Kinder oder Jugendliche für ein Time-out dorthin geschickt werden. Das finde ich nicht grundsätzlich schlecht, das kann wirklich sinnvoll sein. Aber ohne einheitliche Qualitäts-Labels bleibt das alles sehr undurchsichtig. «Modernes Verdingwesen» halte ich für einen gefähr-lichen Begriff. Und dennoch: Nur weil es sich um einen Bauernhof handelt, heisst das noch lange nicht, dass dort auch das Kindswohl gesichert ist.

Wie sieht Ihre ganz persönliche Vision aus, wenn es um das Wohl des Kindes in der Schweiz geht?
Spannend ist ja, dass die Schweiz die Kinderrechtskonventionen rati-fiziert hat. Eigentlich ist die Grundlage also da. Meine persönliche Vision wäre, dass man diesbezüglich überall viel genauer hinschauen würde, sei es beim Städtebau, im öffentlichen Verkehr oder in den Schu-len. Generell ist unsere Gesellschaft zwar auf Kinder ausgerichtet. Man denke nur an Werbung und Konsum. Aber de facto haben die Kinder mit ihren ureigenen Bedürfnissen sehr wenig Platz darin. Sie werden nicht in erster Linie als Wesen wahrgenommen, die sich eigenständig entwickeln.

CHRISTOPH HÄFELI ist Jurist und diplomierter Sozialarbeiter und war vierzig Jahre lang in der Aus- und Weiterbildung für Professionelle der Sozialen Arbeit tätig, unter anderem als Rektor der Hochschule Luzern – Soziale Arbeit. Er ist Mitglied des Stiftungsrats der Stiftung Kinderschutz Schweiz und arbeitet seit seiner Pensionierung freiberuflich als Experte im Bereich Kindes- und Erwachsenenschutz.

DIE ENTWICKLUNG DES KINDESSCHUTZES IM SCHWEIZERISCHEN RECHT

Am 1. Januar 2013 tritt das neue Kindes- und Erwachsenenschutzrecht in Kraft. Das bewährte Instrumentarium des Kindesschutzes wird dabei kaum geändert, aber die bisherigen Miliz- und Laienbehörden werden durch professionelle, interdisziplinär zusammengesetzte Kindes- und Erwachsenenschutzbehörden abgelöst. In diesen Behörden werden die Kernkompetenzen Recht, Sozialarbeit, Psychologie und Pädagogik vertreten sein. Dies wird sich, wenn auch nicht sofort, sicher in einigen Jahren auf die Qualität der Mandatsführung auswirken, da die professionellen Behörden höhere Anforderungen stellen werden. Von den professionellen Behörden erhofft man sich insbesondere auch, dass sie das Kind als Rechtssubjekt stärker wahrnehmen. Dies sollte sich unter anderem in einer höheren Anhörungsquote und in häufigerer Anordnung von Kindesvertretungen niederschlagen. Das revidierte Kindes- und Erwachsenenschutzrecht bedeutet einen Paradigmenwechsel, dem ein langer Entwicklungsprozess vorausgegangen ist. Im Folgenden möchte ich diesen Prozess in einem chronologischen Überblick aufzeigen.

Das Zivilgesetzbuch von 1912 enthielt bereits ein erstes Instrumentarium, das Kinder vor Gefährdungen und Misshandlungen schützen sollte – allerdings ohne eine einzige Bestimmung über Pflegekinder und Heime. Die für die Anwendung des zivilrechtlichen Kindesschutzes zuständigen Behörden waren ausschliesslich Miliz- und Laienbehörden,

ZWEI DUNKLE KAPITEL IM KINDESSCHUTZ DES LETZTEN JAHRHUNDERTS

Verdingkinder als Mittel zur Armutsbekämpfung
Im 19. Jahrhundert und bis tief ins 20. Jahrhundert hinein wurden Kinder armer Eltern fremdplatziert oder eben «verdingt» und mussten ihren Lebensunterhalt selbst verdienen. Im günstigen Fall waren sie gut aufgehoben und hatten genug zu essen, wurden zur Schule geschickt und bei Krankheit oder Unfall medizinisch betreut. Oft aber wurden sie ausgenützt und misshandelt und, wenn sie sich dagegen auflehnten, in der Regel kurzerhand umplatziert. Kinder, die niemand mehr wollte, wurden in Anstalten untergebracht.

Die «Kinder der Landstrasse»
Rund 600 Kinder aus jenischen Familien wurden in den Jahren 1926–1972 durch das «Hilfswerk Kinder der Landstrasse» zur «Bekämpfung der Vagantität» in Pflegefamilien, Heimen, Arbeitserziehungsanstalten und psychiatrischen Kliniken fremdplatziert. Meist war dies mit dem Entzug der elterlichen Sorge und der Unterbindung jeglichen Kontakts zu den Eltern verbunden. Auch diese Kinder wurden häufig misshandelt und immer wieder umplatziert.

Beide Formen des «Kindesschutzes» geschahen unter Mitwirkung und «Billigung» der staatlichen Kindesschutzorgane! Das Verdingkinderwesen und das Hilfswerk Kinder der Landstrasse wurden in den letzten zehn Jahren wissenschaftlich bearbeitet.[1] Print- und elektronische Medien haben das Thema aufgegriffen, eine Wanderausstellung unter dem Titel «Verdingkinder reden» wurde ihm gewidmet, und besondere Beachtung fand auch der Kinofilm «Der Verdingbub». Verschiedene politische Vorstösse haben dazu geführt, dass 2013 eine vom Bund in Zusammenarbeit mit den Kantonen geplante Gedenkveranstaltung stattfinden wird.

die fast ausschliesslich auf kommunaler Ebene wirkten. Eine Unterstützung dieser Behörden durch Fachleute der Sozialarbeit setzte erst allmählich ein. Die ersten Ausbildungsstätten für Soziale Arbeit wurden zwischen 1912 und 1920 gegründet, und erst in den 50er-Jahren des letzten Jahrhunderts fanden Entwicklungspsychologie, Pädagogik, Soziologie, Psychopathologie und Sonderpädagogik Eingang in die Lehrpläne dieser Ausbildungen.

Erst seit der Totalrevision des Kindesrechts von 1978 enthält auch das Schweizerische Zivilgesetzbuch (ZGB) einige Bestimmungen über das Pflegekinderrecht. Von besonderer Bedeutung ist Art. 316 ZGB, der dem Bundesrat als Rechtsgrundlage für die erste Eidgenössische Pflegekinderverordnung (PAVO) diente, die Bestimmungen über die Heimpflege enthält. Die Pfeiler dieser Verordnung sind die Bewilligungs- und Aufsichtspflicht für Pflegeverhältnisse und Heime. Damit wurden erstmals Qualitätsstandards gesetzt, wenn auch wenig ausdifferenzierte. Für deren Anwendung waren jedoch weiterhin kommunale Miliz- und Laienbehörden zuständig. Während auch die Aufsicht über die Familienpflege vorwiegend von Laien wahrgenommen wurde, setzte unter anderem als Folge der Heimkampagne Ende der 60er-Jahre im Bereich der stationären Kinder- und Jugendhilfeeinrichtungen eine eigentliche Differenzierungs- und Professionalisierungsentwicklung ein. Das rudimentäre System von Kindesschutzmassnahmen im ZGB von 1912 wurde erweitert und präzisiert. Ergänzt wurde es konkret um die Erziehungsbeistandschaft in Art. 308 ZGB, die es erlaubt, ein Betreuungskonzept anzuordnen, das optimal an den Einzelfall angepasst und mit oder ohne Einschränkung der elterlichen Sorge versehen ist.

100 Jahre nach Inkrafttreten des ZGB ist der Kindesschutz im schweizerischen Recht wesentlich umfassender und konkreter festgeschrieben. Das 1978 erweiterte und differenzierte Instrumentarium des zivilrechtlichen Kindesschutzes erwies sich als absolut taugliches System. Es beinhaltet massgeschneiderte Massnahmen zur Abwendung oder Milderung von Gefährdungen – soweit diesen überhaupt mit rechtlichen Mitteln begegnet werden kann.

Unterstützt und gefördert wurde die zunehmende Professionalisierung im zivilrechtlichen Kindesschutz durch internationale Abkommen,

denen die Schweiz beitrat, namentlich 1997 der UNO-Kinderrechtskonvention und 2003 dem Haager Adoptionsübereinkommen. In der
nachgeführten Bundesverfassung von 2000 wird in Art. 11 der Schutz
der Kinder und Jugendlichen erstmals auf Verfassungsebene verankert.

Im zivilrechtlichen Kindesschutz hat sich die Erziehungsbeistandschaft zum eigentlichen «Renner» entwickelt. Der Begriff steht für eine
dreistufige Massnahme. Nach Abs. 1 kann die Kindesschutzbehörde für
das Kind einen Beistand ernennen, der die Eltern in ihrer Sorge um das
Kind mit Rat und Tat unterstützt. Die elterliche Sorge wird dadurch
nicht eingeschränkt, die Eltern behalten also sämtliche Entscheidungs-
befugnisse, die ihnen im Rahmen der elterlichen Sorge zustehen. Bei
Kooperationsbereitschaft der Eltern sind unter diesem Titel jede Art
von im Einzelfall geeigneter Erziehungs- und Familienberatung möglich. Gestützt auf Abs. 2 kann die Behörde dem Beistand oder der
Beiständin besondere Befugnisse übertragen. Im Gesetz ausdrücklich
erwähnt sind die Vertretung des Kindes bei der Wahrung seines Unter-
haltsanspruchs und die Überwachung des Besuchsrechts. Dies sind
denn auch die häufigsten Fälle in der Anwendung, obwohl eine Vielzahl
von weiteren Aufträgen möglich sind, zum Beispiel besorgt zu sein für
die schulische und berufliche Ausbildung oder die medizinisch-thera-
peutische Betreuung eines Kindes oder Jugendlichen. Auch bei diesen
Aufträgen ist die elterliche Sorge nicht beschränkt, es sei denn, dies
werde gestützt auf Abs. 3 ausdrücklich verfügt, was jedoch selten und
nur dann geschieht, wenn die Eltern durch ihr Verhalten die Tätigkeit
des Beistands torpedieren und damit die Wirksamkeit der Massnahme
vereiteln.

Die Erziehungsbeistandschaft erweist sich somit als eine sehr viel-
seitige, dem Einzelfall gut anpassbare Massnahme, die bei Bedarf mit
einer gezielten Beschränkung der elterlichen Sorge verbunden werden
kann. Sie hat sich darum zur am häufigsten angewendeten Kindesschutzmassnahme entwickelt: 2010 bestanden in der Schweiz rund
24 000 Erziehungsbeistandschaften, etwa 6000 davon wurden im selben
Jahr neu errichtet. In den viel selteneren Fällen, in denen Kinder be-
hördlich fremdplatziert werden, wird in der Regel als Begleitmassnah-
me auch eine Erziehungsbeistandschaft errichtet.[2]

DER WERTE- UND GESINNUNGSWANDEL
DER LETZTEN DREISSIG JAHRE

Die Praxis des zivilrechtlichen Kindesschutzes hat sich stark verändert. Der gesellschaftliche Wandel allgemein, der Einfluss von internationalem Recht und die zunehmende, wenn auch immer noch ungenügende Professionalisierung im Kindesschutz haben in den letzten zwanzig Jahren zu einem Rückgang der Fremdplatzierungen geführt. Wesentlich dazu beigetragen hat aber auch die tief verankerte Überzeugung, dass die Eltern die primären Garanten des Kindeswohls sind, was sich in den Bestimmungen über die elterliche Sorge im schweizerischen Zivilgesetzbuch niederschlägt. Während sich die jährlich neu angeordneten Kindesschutzmassnahmen in den letzten zehn Jahren mehr als verdoppelt haben, sind die Kindeswegnahmen im gleichen Zeitraum relativ und absolut rückläufig: Waren es 2006 noch zirka 1200, so sind es 2010 noch 954. Im Jahr 2010 waren von fast 44000 Kindern unter einer Kindesschutzmassnahme 3600 durch behördliche Anordnung fremdplatziert.[3]

Familienunterstützende und familienergänzende Angebote stehen heute im Vordergrund. Die Fremplatzierung, namentlich gegen den Willen der Eltern, die im Rahmen der elterlichen Sorge grundsätzlich über das Aufenthaltsbestimmungsrecht für ihre Kinder verfügen, wird als Ultima Ratio nur in bestimmten Fällen angeordnet. Zur Anwendung kommt sie, wenn die Eltern längerfristig nicht in der Lage sind, ihrem Kind die nötige Erziehung und Betreuung zu gewähren – sei es, weil sie selber grosse Probleme haben und im Leben nicht zurechtkommen, sei es, weil das Kind in seiner Entwicklung derart gefährdet ist, dass mit ambulanten Unterstützungsmassnahmen der Gefährdung nicht begegnet werden kann.

Die Entziehung der elterlichen Obhut, also des Rechts, über den Aufenthaltsort des Kindes zu bestimmen, stellt eine einschneidende Massnahme mit einer erheblichen Beschränkung der elterlichen Sorge dar. Sie hat regelmässig auch für das betroffene Kind massive Auswirkungen, verliert es doch seine bisher vertraute Umgebung und muss sich an einem anderen Ort einleben, neue Bezugspersonen kennenlernen und zu diesen Vertrauen fassen. Um eine Fremdplatzierung zu rechtfertigen, muss die ausschlaggebende Gefährdung daher erheblich sein, und es wird vorausgesetzt, dass ihr nicht anders, beispielsweise mit ambulanten Erziehungs- und therapeutischen Massnahmen, begegnet werden kann.

Als neue Unterbringungsmöglichkeit für das Kind kommen alle Formen der Fremdplatzierung in Betracht, sei dies eine geeignete Pflegefamilie, eine heilpädagogische Pflegefamilie oder eine stationäre Einrichtung mit dem entsprechenden Betreuungsangebot. Einen geeigneten Platz zu finden, das Kind und die Eltern auf diese Platzierung vorzubereiten und sie dabei zu begleiten, ist eine äusserst anspruchsvolle Aufgabe. Mit Vorteil beauftragt die Kindesschutzbehörde damit einen professionellen Sozialdienst, der auch die Finanzierung sicherstellt. Auch nach der Platzierung ist in der Regel eine Begleitung durch eine Fachperson erforderlich. In der Praxis wird darum mit dem Entzug der elterlichen Obhut eine Beistandschaft nach Art. 308 verbunden.

DIE SCHWACHSTELLEN IM KINDESSCHUTZ

Was die Qualität in der Umsetzung von Kindesschutzmassnahmen betrifft, gilt es zwar heute in Fachkreisen als unbestritten, dass diese ausschliesslich Berufsbeiständinnen und Berufsbeiständen übertragen werden sollen. Dennoch ist das soziale Dienstleistungssystem in der Schweiz sehr unterschiedlich ausgebaut, und es besteht ein erhebliches Qualitätsgefälle. Die von deutschen Forschern (Schmitt 1999, Kindler 2008, Fegert et al. 2008) identifizierten Schwachstellen bestehen auch in der Schweiz. Die wichtigsten sind: ungenügende Ausbildung und mangelndes Wissen, mangelnde Qualitäts- beziehungsweise Fehlerkontrolle, bürokratische Mühlen, Vorurteile, ungenügender Erfahrungs- und Wissensaustausch, fehlende finanzielle und personelle Mittel bei gleichzeitig vermehrter Inanspruchnahme, nicht aussagekräftige Formen der Risikoeinschätzung, fehlende Koordination unter den verschiedenen involvierten Stellen.

Bei der Partizipation der Kinder ist eine weitere Schwachstelle auszumachen. Untersuchungen in der Schweiz[4] haben einen ungenügenden Einbezug der betroffenen Kinder im Verfahren, aber auch bei der Führung der Kindesschutzmassnahmen festgestellt. So wird trotz entsprechender bundesrechtlicher Vorschriften nur eine Minderheit von Kindern in eherechtlichen und in kindesschutzrechtlichen Verfahren angehört. Noch viel seltener wird den Kindern in diesen Verfahren ein Vertreter oder eine Vertreterin bestellt.[5] Bei der Führung von Kindesschutzmassnahmen fällt zudem auf, dass die Zahl von direkten Kontakten zu den betroffenen Kindern verglichen mit den Kontakten zu erwachsenen Bezugspersonen gering ist.[6] Das Kind ist also noch zu sehr Objekt und zu wenig Subjekt von Kindesschutzmassnahmen.

Den Mitwirkungsrechten von Kindern und Jugendlichen gilt nun neben der Professionalisierung und interdisziplinären Zusammensetzung der Behörden und der verbesserten Zusammenarbeit der involvierten Fachleute das besondere Augenmerk aller Beteiligten, damit sich das neue Kindes- und Erwachsenenschutzrechts ab 2013 als weiterer Meilenstein auf dem Weg zu einem umfassenden Kindesschutz bewähren kann.

QUELLEN UND LITERATUR

1 Unter anderem von Galle, Sara/Meier, Thomas, Von Menschen und Akten. Die Aktion Kinder der Landstrasse der Stiftung Pro Juventute, Zürich 2009; Leuenberger, Marco/Seglias, Loretta (Hrsg.), Zürich 2008
2 www.kokes.ch/Dokumentation/Statistik
3 www.kokes.ch/Dokumentation/Statistik
4 Cottier, Michelle, Subjekt oder Objekt? Die Partizipation von Kindern in jugendstraf- und zivilrechtlichen Kindesschutzverfahren, Bern 2006
5 Büchler, Andrea/Simoni, Heidi (Hrsg.), Kinder und Scheidung – Der Einfluss der Rechtspraxis auf familiale Übergänge, Zürich/Chur 2009
6 Voll, Peter/Jud, Andreas/Mey, Eva/Häfeli, Christoph/Stettler, Martin (Hrsg.), Zivilrechtlicher Kindesschutz: Akteure, Prozesse, Strukturen, eine empirische Studie mit Kommentaren aus der Praxis, Luzern 2008

THOMAS GABRIEL ist Sozialpädagoge und Professor für Kindheit, Jugend und Familie. Er war Leiter der Sozialpädagogischen Forschungsstelle an der Universität Zürich und leitet heute den Bereich Forschung & Entwicklung am Departement Soziale Arbeit der Zürcher Hochschule für Angewandte Wissenschaften (ZHAW).

RENATE STOHLER ist Pädagogin und Dozentin im Bereich Forschung & Entwicklung im Departement Soziale Arbeit der ZHAW. Sie beschäftigt sich in Forschung und Lehre mit dem Thema Schule und Soziale Arbeit sowie mit aktuellen und historischen Fragen der Kinder- und Jugendhilfe.

LEBENSWEGE NACH EINER HEIMERZIEHUNG IN DER SCHWEIZ

Wie verlaufen die Lebenswege von Kindern und Jugendlichen, die aus verschiedenen Gründen im Heim aufgewachsen sind oder mehrere Jahre in einem Heim gelebt haben, nach ihrem Austritt? Wie und wo leben die «Ehemaligen», und inwieweit sind sie sozial integriert?

Vorliegende internationale Studien über die Lebenswege nach Heimerziehung belegen, dass für junge Menschen, die während ihrer Zeit in der Heimerziehung als schwierig und unbeständig galten, oft ein grösserer dauerhafter Erfolg nachweisbar war als für jene, deren weitere Entwicklung aufgrund angepassten Verhaltens im Heim positiv prognostiziert wurde. Diese Irrtümer sind auf einfache Annahmen von Wirkungen zurückzuführen, welche die Vielzahl der Einflüsse in und vor allem nach der Heimerziehung zu stark vereinfachen.

Die herkömmliche Wirkungsforschung übersieht eine Anzahl von Faktoren, die grossen Einfluss auf Biografien besitzen können. Dazu zählen glückliche Lebensumstände, Resilienz, persönlich erfahrene Förderung, unerwartete Änderungen in der Familienkonstellation oder der persönlichen Attraktivität. Verschiedene Aspekte der «nachinstitutionellen» Biografie junger Menschen müssen ausserdem nicht in direktem Bezug zum Einfluss von Heimerziehung stehen. Sie können ebenso gut ein Ergebnis des Zusammenwirkens verschiedener Faktoren sein. Deshalb sollte die Integration der «Erfahrung von Heimerziehung» in die Biografie in Beziehung zu ihren Auswirkungen gesetzt werden. Ein so gedachtes Modell fragt nach den Anschlüssen von Heimerziehung an die bisherige Biografie und nach dem weiteren Lebenslauf. Fachlich unbestritten ist, dass Heimerziehung stark in die Biografien der Betroffenen eingreift. Ihr Beginn und ihr Ende bedeuten zwei Einschnitte in den Lebenswegen, die bewältigt werden müssen. Die Aufgabe und auch die Schwierigkeit bestehen im Integrieren der «Erfahrung Heimerziehung» in die Biografie, um diese als sinnvolles Ganzes wahrzunehmen.

Eliteinternate können als Beispiel gelten für eine hohe Kontinuität von Erfahrungen bei gleichzeitiger hoher Übereinstimmung der Erwartungshaltungen aller Beteiligten. Die Erfahrungen der Kinder und Jugendlichen in diesen Internaten sind deckungsgleich mit den Erwartungen der Eltern und der Familien: Das Ethos der Schulen ist hierarchisch, wettbewerbsorientiert und wertkonservativ. Es dupliziert und antizipiert die frühere und spätere Lebensweise der jungen Menschen und ist so biografisch stimmig und anschlussfähig.

Fragte man in Bezug auf Heimerziehung nach der Übereinstimmung der Erwartungen der Beteiligten und der Kontinuität von biografischen Erfahrungen der Betroffenen, so wäre dies problematischer. Daraus resultiert die Prämisse, dass junge Menschen in die Lage versetzt werden müssen, ihr Leben als zusammenhängendes Ganzes zu begreifen, um ihre Identität weiterentwickeln zu können. Viele junge Menschen in der Jugendhilfe sind mit Problemen konfrontiert, die dies erschweren: Entfremdung von ihrem Herkunftsmilieu, Mangel an Partizipation, Wechsel zwischen Institutionen und Jugendhilfemassnahmen – zum Beispiel zwischen Heimerziehung und Pflegestelle –, ungewisse Zukunftsperspektiven, Stigmatisierung durch die Gleichaltrigen und durch das soziale Umfeld. Die daraus resultierenden Belastungen für das Selbstkonzept und das Selbstbewusstsein junger Menschen in der Jugendhilfe sind durch Forschung vielfach belegt.

ZUM STAND DER FORSCHUNG

In der Schweiz gibt es bis heute nur wenige Studien über die Lebenswege nach einer Heimerziehung. Sie fokussieren vorwiegend auf die sogenannten nachinstitutionellen «Karrieren» ehemaliger Klientinnen und Klienten der stationären Jugendhilfe, und selbst das Wissen darüber ist noch sehr begrenzt. Spezifische Untersuchungen der Lebenswege nach Heimaufenthalten im Kindesalter sind bis anhin nicht durchgeführt worden. Dennoch erlauben die Erkenntnisse der vorliegenden Studien Rückschlüsse auf die zentralen Aspekte, die es bei der Frage nach Auswirkungen der Heimerziehung auf den weiteren Lebensweg zu berücksichtigen gilt. Im Folgenden wird ein zusammenfassender Überblick über die Ergebnisse der seit den 1980er-Jahren veröffentlichten Studien präsentiert.[1]

INTEGRATION NACH HEIMERZIEHUNG IM KINDESALTER

Im Jahr 2005 wurden Ehemalige eines Schul- und Erziehungsheims für normal begabte, verhaltensauffällige Knaben nach ihrem Heimaustritt schriftlich befragt.[2] Insgesamt konnten 71 Fragebögen an gültige Adressen verschickt werden, und 22 Ehemalige haben sich schliesslich an der Studie beteiligt. Zum Zeitpunkt der Befragung waren die Ehemaligen zwischen 16 und 45 Jahre alt, und der Austritt aus der Institution lag unterschiedlich lange zurück. Rund drei Viertel der Ehemaligen kehrten nach dem Austritt aus dem Heim zu den Eltern oder zu einem Elternteil zurück, und eine Mehrheit beurteilte ihren Aufenthalt im Schulheim rückblickend als (in Ansätzen) positiv. In Bezug auf die berufliche Integration ergab die Studie folgende Befunde: Zum Zeitpunkt der Befragung hatten 46 Prozent der Ehemaligen einen Lehrabschluss, und weitere 46 Prozent hatten die obligatorische Schule abgeschlossen. 59 Prozent der Ehemaligen waren zum Erhebungszeitpunkt erwerbstätig, 18 Prozent noch in Ausbildung, und 14 Prozent der Befragten waren arbeitslos. Rund drei Viertel der Befragten waren ledig, und ebenfalls rund drei Viertel gaben an, eine Partnerin oder einen Partner zu haben. 82 Prozent der befragten Ehemaligen waren kinderlos. Eine deutliche Mehrheit gab an, mit ihrem Leben meistens zufrieden zu sein. Während diese Erhebung den Fokus auf Heimerziehung im Kindesalter legt, konzentrieren sich alle weiteren Studien zur Wirkungsforschung weitgehend auf Heimplatzierungen von Jugendlichen.

SOZIALE INTEGRATION
BEI EHEMALIGER STRAFFÄLLIGKEIT

Anfang der 80er- beziehungsweise der 90er-Jahre wurden zwei Studien publiziert, welche auf den Verbleib und die soziale Integration von Männern und Frauen fokussierten, die als Jugendliche in Zusammenhang mit einer begangenen Straftat in einem Heim platziert wurden. In der Untersuchung von Marie Boehlen wurden Daten zur Legal-, Arbeits- und Sozialbewährung erhoben.[3] Die Analyse nach Geschlecht ergab, dass der Anteil der Frauen, die sich in den erwähnten Bereichen gut oder sehr gut bewährten, deutlich über demjenigen der Männer lag. Insgesamt konnte zum Zeitpunkt der Befragung eine deutliche Mehrheit der ehemaligen Klientinnen und Klienten als sozial integriert bezeichnet werden.

In den 80er-Jahren wurde auch die in der Schweiz bislang einzige Längsschnittstudie (10 Jahre) zur Wirkung des Jugendmassnahmenvollzugs realisiert.[4] Die Ergebnisse dieser Studie von Hannes Tanner verwiesen bei der sozialen Integration der Klienten auf Unterschiede zwischen den Sprachregionen und zwischen den Geschlechtern. Zum Zeitpunkt der Nachuntersuchung waren 34 Prozent der befragten jungen Frauen aus der Romandie und 27 Prozent der befragten jungen Frauen aus der Deutschschweiz sozial integriert, sie hatten also seit ihrem Austritt aus der Institution keine Delikte mehr begangen, die einen Freiheitsentzug nach sich gezogen hätten. Bei den Männern lagen die entsprechenden Anteile mit 15 Prozent in der Romandie und 16 Prozent in der Deutschschweiz deutlich tiefer. Von den männlichen Ehemaligen waren 12 beziehungsweise 17 Prozent wieder rückfällig geworden und erneut im Straf- oder Massnahmenvollzug. Dieser Anteil ist bei den Frauen in der Deutschschweiz signifikant tiefer. Diese Studie verwies auch im Hinblick auf die Nachbetreuung von Klientinnen auf Unterschiede zwischen den Sprachregionen. In der Romandie nahmen viermal mehr Frauen nach dem Heimaustritt ein Unterstützungsangebot in Anspruch als in der Deutschschweiz. Ein weiteres auffälliges Ergebnis ist die hohe Mortalitätsrate unter den Klienten: So waren zum Zeitpunkt der Untersuchung in der Deutschschweiz bereits 12 Prozent der männlichen Jugendlichen verstorben, in der Romandie waren es 9 Prozent.

Die Sterberate bei den Frauen ist unauffällig. In Kontrast zu den Ergebnissen der Studie von Marie Boehlen verweisen die Resultate von Hannes Tanner darauf, dass die Integration in die Gesellschaft bei einem beachtlichen Teil von Jugendlichen mit strafrechtlicher Indikation problematisch zu verlaufen scheint. Daher – so folgert Studienleiter Hannes Tanner – gelte es, die Austrittsvorbereitungen und die Nachbetreuungsangebote so zu gestalten, «dass der Schritt in die Selbstständigkeit nicht beinahe zwangsläufig zur Überforderung führt»[5].

HEIMAUFENTHALT AUFGRUND PSYCHISCHER UND/ODER SOZIALER PROBLEME

In einer weiteren Studie wurde die berufliche und soziale Integration ehemaliger Klientinnen und Klienten, die aufgrund psychischer und/oder sozialer Problemen in einer geschützten Ausbildungsstätte untergebracht waren, mehrere Jahre (1–10 Jahre) nach dem Austritt erfasst.[6] Die befragten Männer und Frauen waren durchschnittlich 28 Jahre alt. Eine Mehrheit der Befragten hatte eine abgeschlossene Berufsausbildung, und rund ein Drittel der Personen hatte zum Zeitpunkt der Befragung eine feste Stelle auf dem ersten Arbeitsmarkt. Ein Drittel der befragten Männer und Frauen war beruflich teilweise integriert, ein weiteres Drittel war nicht erwerbstätig und demzufolge beruflich nicht integriert. Bezüglich der sozialen Beziehungen ergab die Studie, dass die Mehrheit der Befragten alleine lebte. Nur rund ein Viertel der Befragten gab an, einen Partner oder eine Partnerin zu haben, und lediglich eine Person hatte ein Kind. Die Analyse der sozialen Netzwerke ergab, dass zum Befragungszeitpunkt rund ein Drittel der Befragten sozial isoliert war. Als weiterer Befund muss die ebenfalls im Vergleich zur Altersgruppe zu hohe Mortalitätsrate von 6 Prozent erwähnt werden.

HEIMERZIEHUNG UND SELBSTSTÄNDIGKEIT BEI VERHALTENSAUFFÄLLIGEN JUGENDLICHEN

Die kürzlich erschienene qualitative Studie von Fitzgerald Crain schliesslich geht der Frage nach, inwieweit Heimerziehung dazu beitragen kann, «dass verhaltensauffällige Jugendliche nach dem Austritt selbstständig leben und eine berufliche Tätigkeit ausüben können, die ihnen ein Auskommen erlaubt»[7]. Es waren jedoch ausschliesslich Ehemalige, deren Heimaufenthalt anhand der Aktenanalyse erfolgreich oder zumindest teilweise erfolgreich verlief, die sich für ein Interview zur Verfügung stellten. Es nahmen keine Personen an der Studie teil, deren Heimaufenthalt anhand der Akten als Misserfolg eingeschätzt wurde. Basierend auf den Informationen aus den Interviews wurden Aussagen zur Integration der Ehemaligen gemacht. 28 der 35 befragten Personen werden zum Zeitpunkt des Interviews als erfolgreich integriert bezeichnet. Es zeigt sich, dass diese Gruppe in Bezug auf den Verlauf heterogen ist. Werden die Verläufe aus den Akten in Beziehung zur aktuellen Situation gesetzt, so wird deutlich, dass von den 28 integrierten Ehemaligen 24 Personen auch einen erfolgreichen Verlauf des Heimaufenthalts hatte – eine deutliche Mehrheit also. Es scheint gemäss dem Autor der Studie einiges dafür zu sprechen, dass ein Zusammenhang zwischen dem Verlauf im Heim und der späteren beruflichen und sozialen Integration besteht. Die Studie verweist aber auch auf mehrere Gegenbeispiele. So war die aktuelle Situation von drei Ehemaligen, trotz erfolgreichem Heimaufenthalt, prekär.

FOLGERUNGEN AUS DEN STUDIENERGEBNISSEN

Wie aus den vorangehenden Ausführungen hervorgeht, können basierend auf empirischen Studien kaum präzise Aussagen zur sozialen Lage beziehungsweise zum sozialen Ausschluss ehemaliger Klienten und Klientinnen des Hilfesystems gemacht werden. Die Ergebnisse der Studie von Hannes Tanner sowie die für die Schweizerische Jugendhilfe nicht repräsentative Nachuntersuchung zur sozialen Integration nach Aufenthalt in einer geschützten Ausbildungsstätte verweisen jedoch darauf, dass der Integrationsprozess respektive der Schritt in die Selbständigkeit ehemaliger Klienten und Klientinnen des Jugendhilfesystems nicht ohne Probleme zu verlaufen scheint. Die Studien belegen eine von Praktikern häufig zitierte Erfahrungsregel, dass sich nach dem Heimaustritt je ein Drittel sehr gut integriert, mittelmässig integriert beziehungsweise nicht integriert.[8] Dies liesse sich empirisch nur bestätigen, wenn die Lebensverläufe nach dem Austritt aus dem Hilfesystem zukünftig systematisch erforscht würden.

HEIM UND FORSCHUNG

Wenn auch umfassende Daten fehlen, so gibt es doch auch in der Schweiz Hinweise darauf, dass in stationären Einrichtungen platzierte Jugendliche hinsichtlich der beruflichen Integration eine Risikogruppe sind. Eine 2004 erstmals durchgeführte repräsentative Erhebung unter 114 Justizheimen ergab, dass die in Heimen lebenden Jugendlichen mehrheitlich Schultypen mit tiefem Bildungsabschluss besuchen[9] und demzufolge auf dem Lehrstellenmarkt zu den benachteiligten Jugendlichen gehören. Zum Erhebungszeitpunkt absolvierten nur 37 Prozent der jungen Männer und Frauen ab 16 Jahren eine Lehre oder eine Anlehre. Weitere 32 Prozent der Jugendlichen waren noch in der Grundausbildung, holten den Schulabschluss nach oder besuchten Brückenangebote. Gelingt es den in Heimen lebenden Jugendlichen nicht, einen nachobligatorischen Abschluss zu erwerben und sich in den Arbeitsmarkt zu integrieren, so besteht das Risiko der Sozialhilfeabhängigkeit. Die Kombination von Armut und fehlender Berufsausbildung ist auch in der Schweiz der Hauptfaktor für soziale Ausgrenzung.[10] Angehörige von Randgruppen und ethnischen Minderheiten sind generell stärker von Risikofaktoren betroffen.[11] Dies belegt auch die nachweisbare Benachteiligung ausländischer Jugendlicher bei der Lehrstellensuche.[12]

BESONDERE RISIKEN NACH HEIMERZIEHUNG

Folgende Faktoren begünstigen eine soziale Ausgrenzung nach Ende des Heimaufenthalts: niedrige oder fehlende nachobligatorische Qualifikation, mangelnde Integration in den ersten Arbeitsmarkt, Armut, Probleme bei der Wohnungs- und Arbeitssuche – insbesondere für ethnische Minderheiten –, schlechte medizinische Versorgung und ein hohes Risiko der Straffälligkeit. Junge Menschen, die bereits bei Eintritt in das Heim schlechte soziale Netzwerke besassen, sind nach Ende des Heimaufenthalts in verstärktem Mass dem Risiko der sozialen Isolation ausgesetzt. Neben diesen generellen Einflussgrössen kann auch von einem Einfluss des Geschlechts und der ethnischen Herkunft ausgegangen werden. Jugendliche männliche Mehrfachtäter, die einer ethnischen Minderheit angehören und die länger im Heim waren, haben ein höheres Risiko, gesellschaftlicher Exklusion ausgesetzt zu sein, als jene, die nur kurz untergebracht waren.

Beim Nachdenken über das Thema des Übergangs in die Gesellschaft nach Beendigung des Heimaufenthalts darf die hohe Sterblichkeit von 10 Prozent der männlichen ehemaligen Heimjugendlichen in der Schweiz nicht vergessen werden. Dies ist der klarste Ausdruck des Risikos, dem die Heranwachsenden ausgesetzt sind, und Ausdruck eines Phänomens, das nach Erklärungen und genaueren Betrachtungen verlangt. Bezüglich Fragen zur Bewältigung des Übergangs in die Ausbildung beziehungsweise ins Erwerbsleben sowie zum beruflichen Verbleib von Klientinnen und Klienten der stationären Jugendhilfe besteht insofern Forschungsbedarf.

Die unterschiedlichen Erfahrungen während der Heimerziehung und die verschiedenen Lebensumstände der neun Menschen, die Barbara Tänzler in diesem Buch porträtiert, stehen exemplarisch für das breite Spektrum an Fragen, die es auf dem Gebiet der Heimerziehung noch zu erforschen gilt. Dazu haben sich Forschende aus Europa, Amerika und Australien, die sich mit Lebensverläufen von Jugendlichen nach Austritt aus dem Jugendhilfesystem befassen, zu einem Netzwerk namens INTRAC[13] zusammengeschlossen, dem auch die beiden Autoren dieses Artikels angehören.

ANMERKUNGEN

1 vgl. auch Gabriel & Stohler 2008
2 vgl. Heiniger & Schäppi 2005
3 vgl. Boehlen 1983
4 vgl. Tanner 1992a, 1992b
5 vgl. Tanner 1992b, S. 97
6 vgl. Stohler 2005
7 vgl. Crain 2012
8 vgl. Tanner 1992b, S. 93
9 vgl. Piller 2004
10 vgl. bspw. Bundesamt für Statistik 2009
11 vgl. Riedi 2004
12 vgl. Haeberlin et al. 2004
13 siehe: http://www.lboro.ac.uk/research/ccfr/INTRAC/about.html

LITERATUR

Boehlen, M. (1983): Das Jugenderziehungsheim als Faktor der sozialen Integration, Bern/Stuttgart: Verlag Paul Haupt.

Böni, E. (2003): Diskontinuierliche Verläufe und Ausbildungslosigkeit, in: Bundesamt für Statistik (Hrsg.): Bildungsmonitoring Schweiz: Wege in die nachobligatorische Ausbildung. Die ersten zwei Jahre nach Austritt aus der obligatorischen Schule. Zwischenergebnisse der Jugendlängsschnitts TREE, Neuenburg: Bundesamt für Statistik, S. 81–109.

Bundesamt für Statistik (2009): Junge Erwachsene in der Sozialhilfe, Neuenburg: Bundesamt für Statistik.

Colla/Gabriel/Winkler: Handbuch zur Heimerziehung und zum Pflegekinderwesen in Europa. Handbook residential and foster care in Europe. Neuwied: Luchterhand.

Crain, Fitzgerald (2012): «Ich geh ins Heim und komme als Einstein heraus». Zur Wirksamkeit der Heimerziehung, Wiesbaden: Verlag für Sozialwissenschaften.

Gabriel, T./Stohler, R.: Transitions to Adulthood of Young Care Leavers in Switzerland. In: Stein, M./Ward, H. (Hrsg.): Young Peoples's Transitions from Care to Adulthood. International Research and Practice. London (Kingsley) 2008, S. 197ff.

Haeberlin, U./Imdorf C./Kronig W. (2004): Chancenungleichheit bei der Lehrstellensuche. Der Einfluss von Schule, Herkunft und Geschlecht, Bern/Aarau: Schweizerischer Nationalfonds.

Heiniger, S./Schäppi, S. (2005): Was bringt die Heimerziehung? Evaluation von stationären Erziehungsmassnahmen am Beispiel der Zürcherischen Pestalozzistiftung. Diplomarbeit Fachhochschule Aargau Nordwestschweiz, Departement Soziale Arbeit.

Piller, E. M. (2004): Berufliche Ausbildung von Jugendlichen in der stationären Jugendhilfe der Schweiz: Eine Bestandsaufnahme, Brugg: Fachhochschule Aargau/Departement Soziale Arbeit.

Piller, E. M. (2002): Ausmass und Entwicklung von Fremdplatzierungen in der Schweiz. Eine Bestandsaufnahme der Anzahl Kinder und Jugendlichen in stationären Einrichtungen, Brugg: Fachhochschule Aargau.

Riedi, A. M. (2004): Jugendliche aus dem Balkan: Fakten, Konzepte und Ressourcen der Jugendhilfe im Kanton Zürich.

Stein, M. (2004): What Works for Young People Leaving Care? Barnardos, Ilford.

Stohler, R. (2005): Nachuntersuchung Lernstatt Känguruh. Zürich.

Tanner, H. (1992a): Konzept der Untersuchung über Wirkungen des Massnahmenvollzuges bei besonders erziehungsschwierigen Jugendlichen der Schweiz, in: Kriminologisches Bulletin, 18. Jahrgang, Heft Nr. 1–2, S. 7–28.

Tanner, H. (1992b): Effekte des Massnahmenvollzuges bei besonders erziehungsschwierigen Jugendlichen in der Schweiz. Überblicke über Ergebnisse der Längsschnittuntersuchung, in: Kriminologisches Bulletin, 18. Jahrgang, Heft Nr. 1–2, S. 53–158.

ADRESSEN

INTEGRAS
Fachverband Sozial- und Sonderpädagogik
Bürglistrasse 11
8002 Zürich
Telefon 044 201 15 00
integras@integras.ch
www.integras.ch

STIFTUNG KINDERSCHUTZ SCHWEIZ
Postfach 6949
Hirschengraben 8
3001 Bern
Beratung:
Telefon 031 398 10 10
beratung@kinderschutz.ch
www.kinderschutz.ch

KINDERANWALTSCHAFT SCHWEIZ
Zürcherstrasse 41
8400 Winterthur
Beratung:
Telefon 052 262 70 53
info@kinderanwaltschaft.ch
www.kinderanwaltschaft.ch

NETZWERK KINDERRECHTE SCHWEIZ
Hallerstrasse 23
3012 Bern
Telefon 031 301 92 74
info@netzwerk-kinderrechte.ch
www.netzwerk-kinderrechte.ch

KINDERLOBBY SCHWEIZ
Länggassstrasse 8
3012 Bern
Telefon 031 889 09 09
info@kinderlobby.ch
www.kinderlobby.ch

MARIE MEIERHOFER INSTITUT
FÜR DAS KIND (MMI)
Schulhausstrasse 64
8002 Zürich
Telefon 044 205 52 20
info@mmi.ch
www.mmi.ch

PFLEGEKINDER-AKTION SCHWEIZ
Bederstrasse 105a
8002 Zürich
Telefon 044 205 50 40
info@pflegekinder.ch
www.pflegekinder.ch

SCHWEIZERISCHES KOMITEE FÜR UNICEF
Baumackerstrasse 24
8050 Zürich
Telefon 044 317 22 24
info@unicef.ch
www.unicef.ch

EXTREMEFUN – ORGANISATION FÜR HEIMKINDER
www.extremefun.ch

Unter dem Patronat des Fachverbands
Sozial- und Sonderpädagogik Integras

INTEGRAS
Fachverband Sozial-
und Sonderpädagogik

Autorin, Fotografin und Verlag bedanken sich
für die grosszügige Unterstützung:

Paul Schiller Stiftung

Stiftung Anne-Marie Schindler, Ennenda

Kanton St.Gallen
Amt für Soziales

Casinelli-Vogel-Stiftung, Zürich

MIGROS
kulturprozent

Impressum

Realisierung: Die Büchermacher GmbH, Zürich
Lektorat: Katharina Blarer, Lektorat und Buchkonzepte, Zürich
Gestaltung: Bernet & Schönenberger, Zürich
Korrektorat: Thomas Basler, Winterthur
Druck: galledia, Flawil

Printed in Switzerland

ISBN 978-3-905748-12-3
Helden Verlag
www.helden.ch

Helden Bücher entstehen in der Büchermacher GmbH:
www.diebuechermacher.ch